SARAH HARTEL & CHIARA OFFERMANN

HEAD FULL OF HERBS

CLEAN EATING NEU INTERPRETIERT

140 GESUNDE UND GENUSSVOLLE REZEPTE

TRETORRI

inhalt

vorwort

Sarah und Chiara

Wir, Sarah und Chiara, lernten uns Anfang 2016 durch das Studium in Bonn kennen. Nach dem abgeschlossenen Bachelorstudium der Betriebswirtschaftslehre und zwischenzeitlichen Auslandsaufenthalten in der Toskana und Paris kehrten wir mit Ideen zu gesunden und genussvollen Gerichten, Inspirationen und dem Traum eines eigenen Kochbuches nach Bonn zurück. Dort arbeiten wir seit Ende 2019 an der Gestaltung von Head full of Herbs. Beginnend mit der gemeinsamen Leidenschaft fürs Kochen und der Freude, andere Menschen mit leckerem Essen zu verwöhnen, entstand die Idee ein Buch zu kreieren. In diesem sind unsere gesammelten Rezepte, unser Wissen und Können festgehalten, also allem, was wir nicht nur mit unseren engsten Freunden, sondern auch mit vielen anderen Menschen teilen möchten.

Head full of Herbs

Ein Herzensprojekt, wie es kein anderes sein könnte, umfasst die Geschichte und Entstehung unseres Buches. In Head full of Herbs tragen wir unsere gesammelten Rezepte zusammen, um andere Menschen hinsichtlich genussvollem und gesundem Essen zu inspirieren. In diesem Kochbuch halten wir 140 vegetarische, pescetarische, gluten-/ laktosefreie und vegane Rezepte fest, die geschmacklich überzeugen. Wir sehen Head full of Herbs als Anregung, Essen spannend, wohltuend und genussvoll zuzubereiten - mit viel Spaß, ohne Geschmacksverstärker oder Sonstiges, was unserer Meinung nach nichts mit gesunder Ernährung zu tun hat. Wir wollen zeigen, wie abwechslungsreich und einfach umsetzbar dies sein kann. Es ist unsere Ambition, Lächeln in Gesichter zu zaubern und Erlebnisse zu schaffen, die Raum und Zeit für einen kurzen Moment stillstehen lassen.

Unsere Philosophie

Wir haben den Eindruck, dass Kochen und Essen durch die tägliche Ernährung eine immer wiederkehrende Mode beschreibt, die Menschen neu begeistern kann. Modern in dem Sinne, die unendliche Möglichkeit, Lebensmittel neu miteinander zu kombinieren und an die Wünsche der Menschen anzupassen. Unser Ansporn ist, das Bewusstsein zu natürlichen Nahrungsmitteln zurückzuführen und jede Mahlzeit in ein kleines Fest zu verwandeln, bei dem es darum geht, unseren Körper und zugleich unseren Geist zu verwöhnen und damit ganzheitlich für unser allgemeines Wohlbefinden zu sorgen. Durch das Leben in einer Wohngemeinschaft, umringt von Freunden und liebenden Menschen, spüren wir, wie Kochen die Sinne anregt, Atmosphären schafft, Menschen bereichern kann und zusammenbringt.

Unsere Art zu Kochen

„Was braucht unser Körper, um bestmöglich versorgt zu sein?", „Wie kann Ernährung gesund gestaltet werden und gleichzeitig Spaß bereiten?" – Diese Fragen begleiten uns bei der Entwicklung unserer Rezepte. Im Fokus stehen dabei pflanzliche und hochwertige Lebensmittel wie Obst, Gemüse, Kräuter,

Nüsse, Getreide und Hülsenfrüchte. Diese sind nicht nur sehr gesund und stecken voller Vitamine und Mineralstoffe, sie bieten auch unfassbar viele Kombinationsmöglichkeiten und geschmackliche Überraschungen. Je nach Saison sind unsere Einkaufskörbe mit den unterschiedlichsten frischen Zutaten gefüllt. Wir versuchen so oft wie möglich regional einzukaufen, lassen uns dabei vom aktuellen Angebot inspirieren und probieren neue Zutaten aus. Wie der Name unseres Buches vermuten lässt, kochen wir unheimlich gerne mit frischen Kräutern. Es kommt sehr selten vor, dass bei uns im Garten oder auf der Fensterbank keine frischen Kräuter wachsen. Ist dies aber doch der Fall, so decken wir uns mit Kräuterbündeln vom Markt ein. Mindestens genauso wie Kräuter, verwenden wir viele Gewürze. Sie verleihen unseren Rezepten Authentizität und sorgen für Aroma und Abwechslung. Wir experimentieren mit Gewürzen, Aromen, kombinieren Zutaten neu miteinander, wandeln traditionelle Rezepte ab und passen sie an. Wir probieren aus und lassen uns von unserem Geschmack leiten.

Unser Appell an euch lautet: Verwendet Kräuter und Gewürze und das nicht zu wenig. Neben vielen frischen Zutaten sind auch ein paar verarbeitete Lebensmittel, wie Pflanzendrinks, pflanzliche Sahne oder Margarine in unseren Rezepten zu finden. Milchprodukte und Eier verwenden wir nur in sehr geringem Maße. Ganz ohne kommen wir aber nicht aus, denn was wäre ein klassisch italienischer Caprese-Salat ohne Mozzarella oder ein cremiges Tiramisu ohne Ei? Sicherlich auch lecker und möglich und wer Spaß daran hat, kann kreativ werden und vegane Varianten ausprobieren, doch für uns haben sich über die Zeit ein paar Zutaten herauskristallisiert, die wir nicht ganz missen möchten. Wir versuchen, die Verwendung von Zucker zu reduzieren und auf gesündere Alternativen auszuweichen. Dabei könnt ihr selbst ausprobieren, welche Art euch am besten schmeckt. So haben wir festgestellt, dass wir von braunem Zucker oder Kokosblütenzucker bzw. Agavendicksaft und Honig deutlich weniger verwenden, als von weißem Haushaltszucker. Kokosblütenzucker hat eine leicht karamellige Note, deshalb setzen wir ihn wohldosiert ein. Weitere Alternativen zu weißem Haushaltszucker sind Vollrohr- oder Kokosblütenzucker, Agavendicksaft, Ahornsirup, Kokosblütennektar, Reissirup oder Trockenfrüchte. Sie alle bedürfen gegebenenfalls einer kleinen Umgewöhnungszeit, doch sobald das passiert ist, können geschmacklich wieder ganz andere Komponenten wahrgenommen werden, die vorher von zu viel Süße überdeckt wurden. In unserem Kochbuch gibt es keine Rezepte mit Fleisch, doch wer mag, kann dies einfach integrieren. Fisch hingegen essen wir und das auch liebend gerne. Wir haben unsere besten Fischrezepte abgebildet, und möchten euch ermutigen, diese auszuprobieren. Dabei achten wir auf nachhaltigen Fang und gerade bei Zuchtlachs auf die bio-zertifizierte Aquakultur. Kleine Symbole an den Rezepten geben Auskunft darüber, dass in dem Rezept ausschließlich gluten-, laktosefrei oder vegane Zutaten verwendet werden. Achtet hierbei auf die Inhaltsstoffe der von euch verwendeten Zutaten. Sollte ein Rezept auf den ersten Blick nicht euer gewünschtes Kriterium erfüllen, lässt sich dies durch leichte Abänderung meistens anpassen.

Traut euch Neues auszuprobieren und vor allem das, was euch möglicherweise nicht auf den ersten Blick anspricht. Viele unserer Rezepte sind so zu unseren Lieblingsgerichten geworden. Alle sind einfach gehalten und bieten Freiraum für Veränderung, falls ihr mal nicht alle Zutaten zur Hand habt oder Eurem Geschmack entsprechen. Eine Aubergine lässt sich beispielsweise oftmals durch eine Zucchini ersetzen, Chiasamen durch Leinsamen oder roter Reis durch Vollkornreis. Ebenso lassen die Mengenangaben der Rezepte einen Spielraum zu. Sie sind meistens für zwei oder vier Personen vorgegeben und lassen sich ganz einfach hoch- oder runterrechnen. Sie dienen als Leitfaden und so, wie sie vorgegeben sind, gelingen sie auch. Trotzdem kann es sein, dass ihr bei manchen Gerichten vielleicht lieber mehr Gewürze verwenden möchtet oder besonders hungrig seid und mehr Reis, Pasta etc. als angegeben zubereiten möchtet. Sollte das der Fall sein, tut dies auch.

Für die Zubereitung der Rezepte ist kein übermäßiges Equipment notwendig. Unsere Gerichte wurden in einer zwei Quadratmeter kleinen Küche gezaubert, mit allen Utensilien, die eine Wohngemeinschaftsküche hergibt. Fortlaufend eine Liste, die euch beim Zubereiten der Rezepte unterstützt.

Küchenausstattung

2 Messer (klein, groß), Brotmesser, 2 Töpfe, 2 Pfannen, Teigrolle, quadratische Backform (20 cm x 20 cm), runde Backform (Ø 20–28 cm), Auflaufform (20 cm x 30 cm), Mixer, Stabmixer, Küchenwaage

Symbole

vegan glutenfrei laktosefrei

Löffelangaben

Es sind stets gestrichene Löffel gemeint. EL und TL sind Abkürzungen für Esslöffel und Teelöffel.

Zitrusfrüchte

Bei der Verwendung der Schale immer auf Bio-Früchte zurückgreifen und diese vorher heiß waschen. Zitrussaft immer frisch pressen. 1 Limette entspricht ca. 30 ml Saft und 1 Zitrone ca. 50 ml Saft.

kapitel 1

frühstück

fruchtig, herzhaft, erweckend

the perfect avocado toast

krosser avocado-toast mit dicken bohnen

Ergibt 4 Brote

1 EL Olivenöl + etwas mehr zum Anbraten

4 Scheiben Vollkorntoast

1 reife Avocado

1 Prise Chiliflocken

Salz, Pfeffer

Saft von ½ Zitrone

100 g dicke Bohnen (aus dem Glas)

2 EL eingelegte saure Gurken

¼ Gurke

8 gekochte Erbsenschoten

2 Stängel Petersilie

1 TL eingelegte Senfsamen

Einen Schuss Olivenöl in einer Pfanne erhitzen und die Brotscheiben darin knusprig und goldbraun rösten. Darauf achten, dass die Scheiben nicht zu dunkel werden.

Die Avocado halbieren, entsteinen und in der eigenen Schale leicht zerdrücken. Auf jede Brotscheibe ein wenig Olivenöl träufeln, die Avocadocreme darauf verteilen und mit Chiliflocken, Salz und Pfeffer würzen. Ein paar Tropfen Zitronensaft verleihen eine frische Note.

Die dicken Bohnen aus dem Glas und die eingelegten sauren Gurken abschütten und abtropfen lassen. Die sauren Gurken in feine Scheiben schneiden und auf dem Toast verteilen. Die Gurke waschen, abtrocknen, ebenfalls in Scheiben schneiden und dazugeben. Die Erbsenschoten öffnen und ebenfalls auf den Toast geben. Die Petersilie waschen, trocken schütteln und die Blätter abzupfen. Mit eingelegten Senfsamen aus dem Gurkenglas und der Petersilie garnieren.

Tipp: The perfect avocado toast ist die perfekte Grundlage für weitere ausgefallene Brotbeläge. Hier ein paar zur Inspiration:

Avocado + Hanfsamenpesto oder Rucolapesto (s. S. 137)
Avocado + pochierte Eier mit Orangensauce (s. S. 34)
Avocado + Dukkah (s. S. 255)
Avocado + Sesame Seed Blend (s. S. 255)
Avocado + Rote-Bete-Hummus (s. S. 182)
Avocado + Tahini (s. S. 48) + Kresse

honeymoon

gerösteter toast mit tahini, honig und malvenblüten

Ergibt 4 Brote

4 Scheiben Vollkorntoast

2 EL helles Tahini

2 EL flüssiger Honig

1 EL Hanfsamen

Malvenblüten (wenn verfügbar)

Eine Pfanne erhitzen und die Brotscheiben darin knusprig und goldbraun rösten. Darauf achten, dass die Scheiben nicht zu dunkel werden.

Die noch warmen Brotscheiben mit Tahini bestreichen, mit Honig beträufeln und mit den Hanfsamen garnieren. Mit Malvenblüten bestreuen.

Tipp: Malvenblüten sehen nicht nur schön aus, sondern geben dem Toast einen extra feinen Geschmack und gelten als wunderwirkende Heilpflanze zur Linderung von gereizten Schleimhäuten. Für die glutenfreie Alternative, glutenfreies Brot verwenden.

frenchie

kokosnuss-french-toast mit früchtekompott und cashewcreme

Ergibt 4 Brote

Für die Creme

25 g Cashewkerne

50 ml Wasser

1 Messerspitze gemahlene Vanille

1 Prise Salz

Für das Kompott

1 Apfel

1 Pfirsich

2 Aprikosen

1 TL Kokosöl

150 ml Wasser

2 EL Agavendicksaft

Für den French Toast

1 Ei

50 ml Kokosmilch

50 ml Mandeldrink

½ TL gemahlene Vanille

4 Scheiben Vollkornbrot

1 EL Kokosöl

Für die Creme die Cashewkerne in einer Schale mit dem Wasser bedecken, wenige Minuten ziehen lassen. Vanillepulver und Salz dazugeben und mit einem Stabmixer cremig pürieren.

Für das Kompott den Apfel schälen, entkernen und die anderen Früchte waschen, entsteinen und in Spalten schneiden. Das Kokosöl in einem Topf erhitzen, die Früchte darin anbraten und das Wasser und den Agavendicksaft dazugeben. Unter Rühren ca. 5 Minuten einkochen lassen.

Für den Toast in einer großen Schale das Ei mit Kokosmilch und Mandeldrink sowie Vanille mischen und gut verquirlen. Die Brotscheiben in die Eimischung tunken und kurz ziehen lassen, damit das Brot möglichst viel Flüssigkeit aufnehmen kann.

Das Kokosöl in einer großen Pfanne auf mittlerer Temperatur erhitzen und die Brotscheiben darin von beiden Seiten goldbraun braten.

Auf Teller aufteilen, mit dem heißen Früchtekompott und der Cashewcreme garnieren und frisch servieren.

firefighters

prall gefüllte beerencrêpes

Ergibt 2 Portionen

Für die Crêpes

250 g Weizenmehl oder Dinkelmehl (Type 603)

2 EL Rohrzucker oder Kokosblütenzucker

300 ml Pflanzendrink (z. B. Soja- oder Haferdrink)

200 ml kohlensäurehaltiges Mineralwasser

Kokosöl zum Ausbacken

Für das Beerenmus

125 g Himbeeren

4 große Erdbeeren

1 EL Reissirup

Zum Servieren

125 g Himbeeren

100 g Heidelbeeren

100 g Brombeeren

Mehl und Zucker in einer Rührschüssel mischen. Pflanzendrink und Wasser dazugeben und mit einem Schneebesen zu einer glatten Masse verquirlen. Teig kurz ruhen lassen.

In der Zwischenzeit für das Beerenmus die Himbeeren und Erdbeeren waschen, mit dem Reissirup in einer separaten Schüssel vermengen und pürieren. Das Mus durch ein feines Sieb geben, um die Kerne zu entfernen.

Einen Schuss Kokosöl in einer Pfanne auf mittlerer Temperatur erhitzen. Je Crêpe 4 EL Teig in die Pfanne geben und mit einem Löffel oder durch Schwenkbewegungen bis zum Rand verteilen. Backen lassen, bis die Crêpes goldbraun sind und sich kleine Bläschen an der Oberfläche bilden. Vorsichtig wenden und eine weitere Minute ausbacken.

Zum Servieren die Beeren waschen. Die noch warmen Crêpes mit Beeren füllen, aufrollen und mit Beerenmus garnieren.

upside down

fluffige bananenpancakes

Ergibt 2 Portionen

2 reife Bananen

2 Eier

150 g Weizenmehl oder Dinkelmehl (Type 603)

½ TL Backpulver

1 Messerspitze gemahlene Vanille

1 Prise Salz

100 ml Pflanzendrink (z. B. Soja- oder Haferdrink)

Sonnenblumenöl zum Ausbacken

1 Orange

20 g Mandeln

2 EL Reissirup

Die Bananen schälen und in einer Schüssel mit einer Gabel zerdrücken. Die restlichen Zutaten hinzufügen und alles gut verrühren, bis ein glatter Teig entsteht.

1 EL Öl in einer Pfanne auf mittlerer Temperatur erhitzen. Je Pancake 2 EL Teig in die Pfanne geben und backen, bis sich Bläschen an der Oberfläche bilden. Wenden und 1 weitere Minute ausbacken.

Die Orange waschen, abtrocknen und in Scheiben schneiden. Die Mandeln halbieren. Die Pancakes auf Teller verteilen, mit Orangenscheiben und Mandeln garnieren und mit Reissirup beträufeln.

Tipp: Die Pancakes können mit frischem Obst, Honig, Sojajoghurt (s. S. 40) und Nüssen oder Granola (s. S. 51–55) serviert werden. Besonders gut schmecken sie auch mit frischem Nussmus (s. S. 48) oder fruchtiger Marmelade.

when waffles are basically oatmeal

haferwaffeln mit saftigen kirschen

Ergibt 4 Waffeln

Für die Waffeln

200 g Haferflocken

2 EL Chiasamen

2 EL Kokosblütensirup

350 ml Pflanzendrink (z. B. Soja- oder Haferdrink)

Kokosöl oder Margarine für das Waffeleisen

Zum Servieren

Kirschen oder Beeren nach Belieben

Die Haferflocken in einen Mixer geben und auf höchster Stufe zu Mehl verarbeiten. Mit den anderen Zutaten in einer Schüssel vermengen, zu einem glatten Teig verrühren und 10 Minuten ruhen lassen. Anfangs scheint der Teig noch etwas flüssig, durch die Chiasamen verdickt er aber nach wenigen Minuten.

Ein Waffeleisen für belgische Waffeln erhitzen und mit Kokosöl oder Margarine bestreichen. Je Waffel 4 EL Teig in die Mitte geben und backen, bis die Waffeln gar und goldbraun sind.

Heiß servieren und mit frischen Kirschen oder Beeren garnieren.

Tipp: Besonders lecker schmecken die Waffel auch mit cremigem Nussmus (s. S. 48) oder Marmelade.

princess peach

gebratene pfirsiche mit karamellisierten nüssen

Ergibt 2 Portionen

3 reife Pfirsiche oder Nektarinen

2 EL Kokosöl

40 g Nüsse und Samen (z. B. Pistazien, Sonnenblumen- oder Kürbiskerne)

2 EL flüssiger Honig

400 g Sojajoghurt

1 Prise gemahlener Safran

Die Pfirsiche waschen, halbieren und entsteinen. 1 EL Kokosöl in einer Grillpfanne erhitzen und die Pfirsiche mit der Schnittseite nach unten 3–5 Minuten darin anbraten.

In der Zwischenzeit das restliche Kokosöl in einer separaten Pfanne erhitzen. Nach Belieben ausgewählte Nüsse und Samen 2–3 Minuten darin anrösten, von der Herdplatte nehmen und mit dem Honig karamellisieren.

Den Joghurt und die Pfirsiche auf Teller oder Schalen aufteilen, mit den karamellisierten Nüssen, Samen und dem gemahlenen Safran garnieren.

Tipp: Mit Rosmarin garnieren, dies passt geschmacklich sehr gut zum Pfirsich.

fruit ninja

exotischer obstsalat

Ergibt 2 Portionen

400 g Kokosjoghurt

2 Pfirsiche

2 Aprikosen

1 Orange

2 Handvoll Kirschen

100 g Johannisbeeren

Abrieb von 1 unbehandelten Zitrone

2 EL Kakaonibs

Den Kokosjoghurt auf Teller oder Schalen aufteilen. Die Früchte waschen, ggf. entkernen und klein schneiden. Anschließend auf dem Joghurt verteilen.

Mit dem Zitronenabrieb und den Kakaonibs garnieren.

Tipp: Der exotische Obstsalat ist neben einem Allrounder ein fester Bestandteil unserer Frühstücksroutine. Die Zubereitung ist simpel, jedoch sind Kokosjoghurt, Kakaonibs und Zitronenabrieb in der Kombination unwiderstehlich im Geschmack. Dazu servieren wir immer frisches Obst der Saison.

one night stand

new york overnight oats

Ergibt 2 Portionen

4 EL Chiasamen

6 EL zarte Haferflocken

2 EL Rosinen oder Cranberrys

1 TL Zimt

1 TL flüssiger Honig

1 Prise Salz

300 ml Pflanzendrink (z. B. Soja-, Hafer- oder Mandeldrink)

Die Overnight Oats werden am Vorabend vorbereitet. Dafür alle Zutaten in einer Dose oder einem Einmachglas vermengen und über Nacht in den Kühlschrank stellen. Die trockenen Zutaten werden ungefähr in einem 1:3 Verhältnis mit der Flüssigkeit vermengt. Die Zutaten lassen sich nach Belieben variieren.

Tipp: Die Haferflocken können auch durch glutenfreie Alternativen ersetzt werden. Nussmus (s. S. 48) oder Nüsse bieten sich als weitere Zutat an. Wenn man etwas mehr Biss mag, können noch weitere Zutaten, wie z. B. Gojibeeren, Haferflocken oder Cumquats als Topping verwendet werden.

matcha-cha-cha

matcha-chia-pudding

Ergibt 2 Portionen

6 EL Chiasamen

2 EL Kokosraspel

2 TL Matcha-Pulver

1 TL Spirulinapulver

2 EL Agavendicksaft

½ TL Zimtpulver

1 Prise Salz

200 ml Mandel- oder Kokosdrink

Der Chia-Pudding wird am Vorabend vorbereitet. Hierfür alle Zutaten gut miteinander vermischen und in einem luftdichten Behälter über Nacht kalt stellen.

Tipp: Es gibt verschiedene Varianten, Chia-Pudding zuzubereiten. Die Basis bilden immer die kleinen Samen, die in Kontakt mit Flüssigkeit sehr stark aufquellen. 1 EL Chiasamen wird mit ca. 6 EL Flüssigkeit vermischt. Als Flüssigkeit bietet sich auch Soja- oder Haferdrink und Wasser an. Der Pudding kann kalt gestellt für ungefähr 2–3 Tage aufbewahrt werden. Zum Würzen bieten sich z. B. Vanille, Zimt, Kardamom oder Tonkabohne an. Zum Servieren eignen sich wunderbar Blaubeeren, Pekannüsse und Minze.

white sensation

cremiger milchreis mit brombeerkompott und gerösteter birne

Ergibt 2 Portionen

Für den Milchreis

500 ml Pflanzendrink (z. B. Soja-, oder Kokosdrink)

100 ml Wasser

1 Vanilleschote

½ TL gemahlener Kardamom

150 g Milchreis

1 Prise Salz

2 EL flüssiger Honig

Für das Brombeerkompott

250 g Brombeeren

15 g Rohrzucker

Saft und Abrieb von 1 unbehandelten Zitrone

Für die geröstete Birne

1 Birne

½ EL Margarine

½ EL Reissirup

Für den Milchreis Pflanzendrink und Wasser in einem Topf aufkochen. Das Mark der Vanilleschote mit einer Messerspitze herauskratzen und zusammen mit der Schote und dem Kardamom in den Topf geben. Milchreis und Salz einrühren und alles für 20–30 Minuten (je nach Reis) köcheln lassen. Von der Herdplatte nehmen und ein paar Minuten ziehen lassen. Nach Belieben mit Honig süßen.

Für das Brombeerkompott die Brombeeren waschen, verlesen und mit Zucker, Zitronensaft und -abrieb in einen Topf geben. Auf niedriger Temperatur erhitzen, bis sich der Zucker auflöst, die Beeren einfallen und Saft verlieren. Köcheln lassen, bis das Kompott cremig ist.

Für die geröstete Birne die Birne waschen, halbieren und entkernen. Die Margarine in einer Pfanne erhitzen und die Birnenhälften mit der Schnittseite nach unten darin anbraten. Nach 3–5 Minuten wird die Birne weich.

Den Milchreis auf Tellern verteilen und nach Belieben mit den Birnenhälften und dem Beerenkompott garnieren. Für etwas mehr Süße kann noch etwas Reissirup darüber geträufelt werden.

Tipp: Mit Rosmarin garnieren, dies passt geschmacklich sehr gut zu der Birne.

millet today

hirseporridge mit karamellisierten birnen und walnüssen

Ergibt 2 Portionen

Für den Porridge

200 g Hirse

½ TL Zimtpulver

1 Prise gemahlener Kardamom

500 ml Sojadrink

Für das Topping

1 Birne

1 EL Kokosöl oder Margarine

2 Handvoll Walnüsse

2 EL Reissirup

1 EL schwarze Sesamsamen

In einem Topf die Hirse, Zimt und Kardamom zusammen mit dem Sojadrink unter ständigem Rühren aufkochen lassen. Bei niedriger Temperatur ungefähr 10 Minuten köcheln lassen. Anschließend vom Herd nehmen und auf 2 Schalen aufteilen. In der Zwischenzeit die Birne waschen, entkernen und in dünne Spalten schneiden.

Kokosöl oder Margarine in einer Pfanne erhitzen und die Birnenspalten und Walnüsse wenige Minuten darin anrösten. Mit Reissirup karamellisieren.

Die karamellisierten Birnenspalten und die Walnüsse auf die Hirse geben. Mit Sesam garnieren und warm servieren.

Tipp: Mit einigen Blaubeeren schmeckt das Porridge noch besser.

shine from the inside

pochierte eier mit aromatischer orangensauce

Ergibt 2 Portionen

Für die Sauce

1 kleine Knoblauchzehe

4 EL Olivenöl

1 TL Weißwein- oder Apfelessig

Saft und Abrieb von ½ unbehandelten Orange

Saft von ½ Zitrone

½ TL Kurkumapulver

Salz, Pfeffer

Für die Eier

1 Prise Salz

1 EL Weißwein- oder Apfelessig

4 Eier

Zum Servieren

Microgreens

Koriander

Sesamsamen

Für die Sauce den Knoblauch schälen, fein hacken und zusammen mit den anderen Zutaten in einer Schale vermengen und gut verrühren. Anschließend beiseitestellen.

In einem Topf reichlich Wasser zum Sieden bringen, das Wasser sollte nicht kochen. Salz und Essig dazugeben und mithilfe eines Löffels und rührenden Bewegungen einen leichten Strudel erzeugen. Die Eier einzeln in eine Schüssel aufschlagen und dann sanft ins Wasser gleiten lassen. Durch den Strudel wickelt sich das Eiweiß um das Eigelb. Vorsichtig weiterrühren. Nach ungefähr 3–5 Minuten das pochierte Ei mit einer Sieb- oder Schöpfkelle entnehmen und zum Abtropfen auf Küchenpapier geben.

Die pochierten Eier auf Teller verteilen, mit Salz und Pfeffer würzen und mit dem Dressing beträufeln. Mit Microgreens, Koriander und Sesam garnieren und noch warm servieren.

Tipp: Pochierte Eier passen ideal zu einem ausgiebigen Brunch. Auf geröstetem Sauerteigbrot *(s. S. 43)**, Toast oder einem Brioche sind sie ein richtiger Hingucker. Sie passen aber auch zu jeder anderen Mahlzeit, als Beilege zu Salaten, Fisch oder Gemüse.*

little miss sunshine

knuspriges sauerteigbrot mit gekochten eiern und kräuterjoghurt

Ergibt 2 Portionen

4 Eier

je 1 Handvoll frische Petersilie und Koriander

200 g Kokosjoghurt

2–3 EL Olivenöl

Salz, Pfeffer

1 Spritzer Zitronensaft

4 Scheiben Sauerteigbrot (s. S. 43)

Die Eier in einem Topf mit kochendem Wasser 5–10 Minuten kochen (je nach gewünschter Konsistenz).

Die Kräuter waschen, trocken schütteln, die Blätter abzupfen und fein hacken. In einer Schale die Kräuter mit Kokosjoghurt und Olivenöl vermengen. Mit Salz und Pfeffer würzen und mit Zitronensaft abschmecken.

Die Brotscheiben in einer Pfanne oder in einem Toaster goldbraun rösten und auf Tellern verteilen. Die Eier pellen, halbieren und auf die Brote legen. Mit dem Kräuterjoghurt garnieren.

Tipp: Um Eier der Größe M im Topf weich zu garen, benötigt man ca. 5 Minuten, etwa 7 Minuten für wachsweiche und 10 Minuten für hart gekochte Eier.

shake your eggs

ein kräuteromelett

Ergibt 2 Portionen

4–6 Eier

1 Frühlingszwiebel

je ½ Bund glatter Petersilie, Koriander und Dill

Salz, Pfeffer

Olivenöl zum Anbraten

Für das Kräuteromelett die Eier in einer Schale verquirlen. Die Frühlingszwiebel waschen und in Ringe schneiden. Die Kräuter waschen, trocken schütteln, die Blätter abzupfen und hacken. Einige Kräuter zum Garnieren beiseitelegen, den Rest dazugeben und mit Salz und Pfeffer würzen.

Einen Schuss Öl in einer Pfanne erhitzen und je Omelett die Hälfte der Eimischung dazugeben. Mit geschlossenem Deckel bei mittlerer bis hoher Temperatur 5–7 Minuten backen. Das Omelett zusammenklappen, mit den restlichen Kräutern garnieren und direkt servieren.

fake swirled eggs

ein veganes kräuteromelett

Ergibt 2 Portionen

150 g Kichererbsenmehl

1 ½ EL Speisestärke

½ TL Backpulver

½ TL Salz

½ TL Garam Masala

½ TL Kurkumapulver

250 ml Wasser

100 g Sojajoghurt

1 Frühlingszwiebel

½ Bund glatter Petersilie, Koriander und Dill

Olivenöl zum Anbraten

2 Handvoll Blattsalat

Kichererbsenmehl, Speisestärke, Backpulver und Gewürze in einer Schüssel vermengen. Wasser und Sojajoghurt hinzufügen und alles zu einem glatten Teig verrühren. Frühlingszwiebel waschen und in Ringe schneiden. Die Kräuter waschen, trocken schütteln, die Blätter abzupfen und hacken. Einige Kräuter zum Garnieren beiseitelegen, den Rest dazugeben und unterheben. Einen Schuss Olivenöl in einer Pfanne erhitzen und je Omelett ¼ des Teiges dazugeben. Mit geschlossenem Deckel 5–7 Minuten backen. In der Zwischenzeit den Blattsalat waschen und trocken schleudern. Die Omeletts auf Teller verteilen, mit den restlichen Kräutern garnieren und mit frischem Blattsalat direkt servieren.

Tipp: Besonders gut schmeckt das Omelett, wenn beispielsweise angebratene Pilze und Zucchini auf das Omelett gegeben werden.

living cultures

hausgemachter sojajoghurt

Ergibt 1 l Joghurt

1 l Sojadrink

5 g Joghurtkulturen

½ TL Zucker

Selbst gemachter Sojajoghurt ist nicht nur super simpel gemacht, sondern vergleichsweise weniger kostspielig als aus dem Handel. Die Joghurtkulturen sind als Pulver oder Kapseln in Reformhäusern, Apotheken oder Drogerien erhältlich. Die Probiotika sind sehr förderlich für eine gesunde Darmflora und unterstützen unsere Verdauung sowie das Immunsystem.

Den Sojadrink in einem Topf auf 38–42 °C erhitzen. Den Topf vom Herd nehmen und die Joghurtkulturen sowie den Zucker vorsichtig einrühren.

In ein steriles, verschließbares Glas füllen und 6–8 Stunden oder über Nacht in einem warmen Raum ruhen lassen. In dieser Zeit vermehren sich die Kulturen im Sojadrink, sodass er andickt und Sojajoghurt entsteht. Anschließend 2 EL des Joghurts abschöpfen und als Ansatz für weitere Joghurts kalt aufbewahren.

Tipp: Der fertige Sojajoghurt hält sich gekühlt 3–4 Tage und passt perfekt zu frischem Obst oder knusprigem Granola (s. S. 51–55).

kurt

hausgemachtes sauerteigbrot

Ergibt 1 kg Brot

Für den Sauerteigansatz

1 Handvoll Vollkornroggenmehl

150 ml lauwarmes Wasser

Zum „Füttern“ des Sauerteigs

3 EL Vollkornroggenmehl

3 EL lauwarmes Wasser

Für das Sauerteigbrot

100 g Sauerteigansatz

375 ml Wasser

250 g Vollkornroggenmehl

250 g Weizenmehl

10 g Salz

Unser Sauerteigbrot, auch „Kurt“ genannt, erfordert ein wenig Geduld, ist aber ohne Zweifel lohnenswert. Es ist nicht nur reich an Mineralstoffen, sondern hat auch einen eigenen, kräftigen Geschmack. Für die Herstellung eines Sauerteigbrotes wird immer eine Starterkultur benötigt. Diese entsteht, wenn Mehl und Wasser vermischt werden und man die Mischung mehrere Tage stehen lässt. Die Mikroorganismen, welche sich in der Luft befinden, fangen dann an zu gären.

Für den Sauerteigansatz das Mehl mit dem Wasser vermengen. An dieser Stelle kann die Wassermenge variieren. Der Teig sollte dickflüssig, aber klumpenfrei sein. Die Schüssel mit einem Stofftuch abdecken und für 2–3 Tage an einen kühlen, sonnengeschützten Ort stellen.

Nach dieser Zeit prüfen, ob sich kleine Bläschen am Rand der Schüssel gebildet haben. Dies ist ein Indiz dafür, dass die wichtigen Gärprozesse begonnen haben. Falls noch keine Bläschen zu erkennen sind, weitere 1–2 Tage warten. Zwischendurch sollte getestet werden, wie der Teig riecht. Riecht er vergoren, sauer und fast ein bisschen unangenehm, ist jetzt der richtige Zeitpunkt, ihn zu *„füttern“*. Dafür die oberste Schicht des Teiges entfernen und 2 EL Teig in ein frisches Gefäß geben. Die Zutaten zum *„Füttern“* hinzugeben. Den Teig kräftig mischen, sodass keine Klumpen mehr vorhanden sind. Bei Bedarf etwas mehr Wasser hinzufügen.

Der Teig sollte 7 Tage alle 24 Stunden wie beschrieben *„gefüttert“* werden. Sobald das erste Brot gebacken wurde, reicht es, die Starterkultur 1x die Woche zu *„füttern“*.

Am Abend vor der geplanten Teigzubereitung sollten 2 EL von der reifen Starterkultur entnommen werden. Der Rest der Starterkultur wird entsorgt. Die Starterkultur mit 100 g Mehl (hier ist es wichtig das Mehl zu verwenden, mit welchem der Sauerteigansatz angesetzt wurde) und 100 ml Wasser mischen. Diesen Ansatz am besten über Nacht an einen kühlen Ort (ca. 18 °C) stellen. Darauf achten eine Schüssel zu verwenden, die groß genug ist, denn der Teig wird sein Volumen über Nacht um ca. 20 % vergrößern. Falls es mal schneller gehen muss, kann der Teig für 4–6 Stunden an einen warmen Ort gestellt werden. Generell gilt: Je wärmer, desto schneller und je länger, desto intensiver gärt der Teig.

Am nächsten Tag als erstes 2 EL von dem Ansatz abnehmen und im Kühlschrank lagern, dies ist die neue Starterkultur für zukünftige Brote. Zu der Starterkultur können weitere 3 EL Mehl und 3 EL Wasser hinzugefügt werden, um den Teig wie gewohnt sofort zu *„füttern"*. Als nächstes ca. 100 g vom restlichen Ansatz abwiegen und mit 325 ml lauwarmen Wasser mischen. Nun nach und nach 500 g Mehl hinzugeben. Die ideale Konsistenz ist erreicht, wenn man beim Kneten mit den Händen etwas ins Schwitzen gerät. Ist der Teig zu weich, könnte er später beim Backen auseinander laufen, ist er allerdings zu fest, so wird das Brot zu trocken. Testen und viel Backen hilft, mit der Zeit bekommt man ein Gefühl dafür, welche Konsistenz ideal ist.

Der Teig sollte nun für ca. 30–45 Minuten ruhen. Salz und weitere 50 ml Wasser hinzufügen. Falls Gewürze oder Nüsse verwendet werden, diese ebenfalls hinzufügen. Für Beginner empfehlen wir, den Teig nun in eine mit Backpapier ausgelegte Form zu geben und ihn entweder über Nacht an einem kühlen Ort gehen zu lassen oder wieder für 4–6 Stunden an einen wärmeren Ort zu stellen. Hier gilt wieder die Regel: je wärmer, desto schneller und je länger, desto intensiver gärt der Teig, was nach dem Backen deutlich zu schmecken ist. Alternativ kann auch ein Küchentuch mit Mehl bestäubt werden, in welches der Teig dann zum Gehen gelegt wird. Hier gilt: Lieber etwas zu viel Mehl zum Bestäuben verwenden als zu wenig, da der Teig sonst später am Tuch kleben bleibt.

Zum Backen gibt es 2 Möglichkeiten. **Variante 1:** Den in der Form liegenden Teig in den auf 180 °C Umluft vorgeheizten Ofen stellen und für 40–60 Minuten backen, bis das Brot goldbraun ist. Um zu testen, ob das Brot ausgebacken ist, das Brot aus der Form nehmen und auf den Rücken klopfen. Hört es sich beim Klopfen hohl an, so ist es gar, falls nicht, backen sie es weitere 10–15 Minuten.

Für Alle, die einen Bräter zur Verfügung haben, empfiehlt sich **Variante 2:** Dafür den Ofen für ca. 15–20 Minuten inklusive des Bräters auf 250 °C Umluft vorheizen, damit dieser und vor allem der Deckel warm wird. Nach den 20 Minuten ein Stück Backpapier in den Bräter legen und den Sauerteig aus dem Handtuch hineinstürzen. Die Oberfläche kann vor dem Backen mit einem scharfen Messer eingeritzt werden. Jedes beliebige Muster ist möglich. Wir setzen meistens 3 kurze Einschnitte in die Teigoberfläche. Den Deckel schließen und den Teig für 20 Minuten in den Ofen stellen. Die Temperatur sollte dabei von 250 °C auf 230 °C reduziert werden. Nach den 20 Minuten den Deckel abnehmen und das Brot weitere 20 Minuten backen, bis es goldbraun ist. Auch hier kann der *„Klopftest"* helfen herauszufinden, ob das Brot gar ist. Das Backen im Bräter simuliert einen professionellen Bäckerofen und sorgt dafür, dass sich eine wundervolle Kruste bildet. Anschließend aus dem Bräter nehmen und auf einem Gitter auskühlen lassen.

Tipp: Gewürze und Nüsse können nach Belieben dazugegeben oder ganz weglassen werden. Wer es gerne etwas kräftiger mag, dem empfehlen wir 1 TL Koriandersamen, 1 TL Kümmel und 1 TL Fenchelsamen zum Teig hinzuzugeben. Wer es etwas milder mag , kann hervorragend eine Handvoll Walnüsse verwenden. Generell gilt aber: Mutig sein und ausprobieren. Man findet schnell heraus, was für ein Brot einem am Besten schmeckt. Wenn das frisch gebackene Brot aus dem Ofen kommt und der herrliche Duft die Küche füllt, lässt man es am besten noch 1–2 Stunden auskühlen. So bleibt das Brot knusprig, und die Krume zerreißt nicht beim Einschneiden. Anschließend kann man zahlreiche Brotbeläge (s. S. 46) dazu genießen.

different versions of kurt

eine auswahl belegter schnitten

Ergibt je 2 Portionen

Für die Avocado-Ziegenfrischkäse-Schnitten

1 Avocado

2 Scheiben Sauerteigbrot (s. S. 43)

1 EL Ziegenfrischkäse

Saft von ½ Zitrone

1 TL Dukkah (s. S. 255)

Für die Tomaten-Schnitten

½ EL Margarine

2 Scheiben Sauerteigbrot (s. S. 43)

2 Tomaten

1 TL Sesame Seed Blend (s. S. 255)

Für die Radieschen-Schnitten

1 EL Ziegenfrischkäse

2 Scheiben Sauerteigbrot (s. S. 43)

2 Radieschen

1 EL Rettichsprossen

Salz, Pfeffer

Für die Blutorangen-Minze-Schnitten

½ EL Margarine

½ Blutorange

2 Stängel Minze

2 Scheiben Sauerteigbrot (s. S. 43)

1 EL flüssiger Honig

Hier ein paar Inspirationen und unsere Lieblinge für herzhafte oder süße Stullen mit unserem Sauerteigbrot (s. S. 43):

Für die Avocado-Ziegenfrischkäse-Schnitten die Avocado halbieren, entsteinen, schälen und das Fruchtfleisch mit einer Gabel zerdrücken. Auf das Brot geben, den Ziegenfrischkäse darauf verteilen, mit Zitronensaft beträufeln und mit Dukkah garnieren.

Für die Tomaten-Schnitten die Margarine gleichmäßig auf dem Brot verteilen. Die Tomaten waschen, trocknen, Stielansätze entfernen und in Scheiben schneiden. Auf die Brote geben und mit Sesame Seed Blend garnieren.

Für die Radieschen-Schnitten den Ziegenfrischkäse gleichmäßig auf dem Brot verteilen. Radieschen waschen, trocknen, das Grün entfernen und in Scheiben schneiden. Auf das Brot geben, mit Rettichsprossen garnieren und mit Salz und Pfeffer würzen.

Für die Blutorangen-Minze-Schnitten die Margarine auf dem Brot verteilen, die Blutorange waschen, trocknen und in feine Scheiben schneiden. Die Minze waschen, trocken schütteln, die Blätter abzupfen. Das Brot mit den Blutorangenscheiben belegen, mit Minze garnieren und mit flüssigem Honig beträufeln.

threesome

Ergibt je 400 g Mus

cashewmus

400 g Cashewkerne

½ TL Salz

Den Ofen auf 180 °C Umluft vorheizen. Cashewkerne auf einem Backblech verteilen und ca. 5 Minuten rösten. Die gerösteten Kerne mit dem Salz in einen leistungsstarken Mixer geben, erst auf hoher Stufe zu Mehl verarbeiten und anschließend auf mittlerer Stufe je nach Mixer 10–15 Minuten pürieren, bis eine glatte Creme entsteht.

In einem sterilen Einmachglas und im Kühlschrank aufbewahrt bis zu 1 Monat haltbar.

sesammus (tahini)

400 g ungeschälte, geröstete Sesamsamen

2 TL Chilliflocken

Sesam und Chiliflocken in einen leistungsstarken Mixer geben, erst auf hoher Stufe zu Mehl verarbeiten und anschließend auf mittlerer Stufe je nach Mixer 10–15 Minuten pürieren, bis eine glatte Creme entsteht.

In einem sterilen Einmachglas und im Kühlschrank aufbewahrt bis zu 1 Monat haltbar.

schoko-haselnussmus

400 g ganze Haselnüsse

4 EL Backkakao

Den Ofen auf 180 °C Umluft vorheizen. Haselnüsse auf einem Backblech verteilen und für 10–15 Minuten rösten. Aus dem Ofen nehmen, abkühlen lassen und anschließend die Nüsse zwischen den Händen reiben, bis sich die Schale ablöst.

Die geschälten Haselnüsse zusammen mit dem Kakaopulver in einen leistungsstarken Mixer geben und wie die Cashewkerne aus dem vorhergehenden Rezept verarbeiten und aufbewahren.

cocorange

orangen-kokos-granola

Ergibt 500 g Granola

200 g Buchweizen

130 g helle Sesamsamen

80 g gehackte Mandeln

30 g Kokosblütenzucker

20 ml flüssiges Kokosöl

Abrieb von 2 unbehandelten Orangen und 1 Zitrone

60 g Kokosraspel

Den Backofen auf 180 °C Umluft vorheizen. Buchweizen, Sesam, Mandeln, Zucker und Öl in einer großen Schüssel mischen. Alles zusammen auf ein mit Backpapier ausgelegtes Backblech geben und im Ofen für 15 Minuten backen.

Orangen- und Zitronenabrieb sowie Kokosraspel nach 15 Minuten Backzeit unter das Granola im Ofen mischen und weitere 5 Minuten backen. Hierbei aufpassen, dass die Kokosraspeln nicht anbrennen, da sie sehr schnell braun werden.

Das Granola gut abkühlen lassen und in ein verschließbares Glas füllen.

Tipp: Das Granola ist 4 Wochen haltbar und passt wunderbar zu Joghurt, Obst oder als Topping für Allounder (s. S. 56–85) oder Overnight Oats (s. S. 28).

happiness mix

gebackenes granola mit kakaonibs, schwarzem sesam und espresso

Ergibt 300 g Granola

- 125 g gepuffte Quinoa
- 50 g rohe Quinoa
- 50 g Kakaonibs
- 50 g schwarze Sesamsamen
- 2 EL Backkakao
- 4 EL Agavendicksaft
- 30 ml flüssiges Kokosöl
- 1 Espresso

Den Backofen auf 180 °C Umluft vorheizen. Gepuffte und rohe Quinoa, Kakaonibs, Sesamsamen, Kakaopulver, Agavendicksaft, Kokosöl und Espresso in einer großen Schüssel mischen. Alles zusammen auf ein mit Backpapier ausgelegtes Backblech geben und im Ofen für 15 Minuten backen.

Das Granola gut abkühlen lassen und in ein verschließbares Glas füllen.

Tipp: Das Granola ist 4 Wochen haltbar und passt wunderbar zu Sojajoghurt (s. S. 40) oder als Topping für Allrounder (s. S. 56–85) oder Overnight Oats (s. S. 28).

ketogenic

keto-granola mit kokosflocken, pistazien und gojibeeren

Ergibt 500 g Granola

- 120 g Walnüsse
- 100 g Kürbiskerne
- 50 g Pistazienkerne
- 30 ml Reissirup
- 30 ml flüssiges Kokosöl
- 1 Prise Salz
- 1 Prise gemahlene Vanille
- 100 g Kokosflocken
- 100 g Gojibeeren

Den Backofen auf 180 °C Umluft vorheizen. Alle Zutaten, bis auf die Kokosflocken und Gojibeeren, in einer großen Schüssel gut vermischen. Alles zusammen auf ein mit Backpapier ausgelegtes Backblech geben und im Ofen ca. 15 Minuten backen.

Nach 15 Minuten die Hälfte der Kokosflocken hinzufügen und nochmals 5 Minuten backen.

Das Granola gut abkühlen lassen, die restlichen Kokosflocken und Gojibeeren hinzugeben und in einen luftdichten Behälter füllen.

kapitel 2

allrounder

vitaminreich, energiegeladen, cremig

evergreen

frischer apfel-minze-allrounder

Ergibt 2 Portionen

2 kleine, reife Bananen

1 Handvoll grüner Salat

½ Gurke

½ grüner Apfel

2 Handvoll Cashewkerne

2 Stängel Minze

200 ml Sojadrink

100 ml Wasser

Die Bananen schälen und halbieren. Den Salat, die Gurke und den Apfel waschen und den Apfel entkernen. Apfel und Gurke grob klein schneiden. Alle Zutaten zusammen in einen Mixer geben und so lange pürieren, bis eine cremige und glatte hellgrüne Masse entsteht.

Auf Schalen aufteilen und garnieren.

Tipp: Als Topping passen Ananas, Gojibeeren, Kokosflocken und Buchweizen zu diesem Allrounder.

i am popeye

grüner spinat-allrounder

Ergibt 2 Portionen

2 kleine, reife Bananen

2 Handvoll Babyspinat

½ Gurke

1 Handvoll gefrorene Mango

1 TL Spirulina

200 ml Sojadrink

100 ml Wasser

Die Bananen schälen und halbieren. Spinat und Gurke waschen, Gurke in Scheiben schneiden. Mit den restlichen Zutaten zusammen in einen Mixer geben und so lange pürieren, bis eine cremige und glatte tiefgrüne Masse entsteht.

Auf Schalen aufteilen und garnieren.

Tipp: Als Topping passen Kiwi, Heidelbeeren, Kakaonibs, Minze, Kokosflocken, gebackenes Granola (s. S. 55) und geraspelter Rotkohl gut zu diesem Allrounder.

i am your bodyguard

purer gemüse-allrounder

Ergibt 2 Portionen

½ reife Avocado

1 Handvoll Blattspinat

1 Handvoll Salat

1 Möhre

2 EL Mandelmus

2 EL Chiasamen

1 TL Spirulina

200 ml Sojadrink

100 ml Wasser

Die Avocado halbieren, entsteinen und die Schale entfernen. Blattspinat und Salat waschen. Die Möhre schälen, grob klein schneiden und mit den restlichen Zutaten in einen Mixer geben. Pürieren, bis eine cremige, glatte Masse entsteht.

Auf Schalen aufteilen und garnieren.

Tipp: Als Topping passen Kokosjoghurt, Pekannüsse, Kokosraspeln, Kakaonibs und Hanfsamen gut zu diesem Allrounder.

coco chambo

exotischer kokos-minze-allrounder

Ergibt 2 Portionen

1 reife Banane

½ Mango

½ Bund Koriander

10 Minzblätter

4 EL Kokosraspel

2 EL Tahini

200 ml Kokosdrink oder -wasser

100 ml Wasser

Die Banane schälen und in Scheiben schneiden. Die Mango schälen, entkernen und klein schneiden. Koriander und Minze waschen, trocken schütteln und die Blättchen abzupfen. Alle Zutaten zusammen in einen Mixer geben und so lange pürieren, bis eine cremige und glatte Masse entsteht.

Auf Schalen aufteilen und garnieren.

Tipp: Als Topping passen Maracuja, Minze, Kokosraspeln und -flocken und helle Sesamsamen gut zu diesem Allrounder.

billion wonder baby

ananas-basilikum-allrounder

Ergibt 2 Portionen

3 Stängel Basilikum

½ Gurke

½ reife Avocado

75 g gefrorene Erbsen

200 g gefrorene Ananas

2 Datteln

Abrieb von ½ unbehandelten Limette

200 ml Kefir (oder Kokosjoghurt)

150 ml Wasser

Den Basilikum waschen, trocken schütteln und die Blättchen abzupfen. Gurke waschen, Avocado halbieren, entkernen und schälen. Beides in Scheiben schneiden und zusammen mit den anderen Zutaten in einen Mixer geben. Pürieren, bis eine cremige und glatte Masse entsteht.

Auf Schalen aufteilen und garnieren.

Tipp: Als Topping passen Matcha-Cha-Cha (s. S. 28), gepuffte Quinoa, Kokosraspeln und Malvenblüten gut zu diesem Rezept.

spirulina sea

tiefgrüner spirulina-allrounder

Ergibt 2 Portionen

2 Handvoll Babyspinat

150 g gefrorene Trauben

4 EL Hanfsamen

1 EL Leinöl

1 EL Agavendicksaft

1 TL Spirulina

Saft von ½ Limette

200 ml Kokoswasser

Den Spinat waschen und trocken schütteln. Zusammen mit den restlichen Zutaten zusammen in einen Mixer geben und so lange pürieren, bis eine cremige und glatte Masse entsteht.

Auf Schalen aufteilen und garnieren.

Tipp: Als Topping passen Heidelbeeren, Kokosflocken, Kamillenblüten, Hanfsamen und Kürbiskerne gut zu diesem Allrounder. Spirulina wird als Nahrungsergänzungsmittel in Bioläden, Reformhäusern, im Versandhandel und im Internet angeboten. Spirulina ist eine Mikroalge und gehört zu der Gattung der Cyanbakterien. Es hat eine dunkelgrüne, manchmal blaue Farbe, welche unseren Allroundern eine intensive Farbe verleiht.

kurkuma matata

kurkuma-cashew-allrounder

Ergibt 2 Portionen

2 reife Bananen

½ Orange

200 g Mango

2 Handvoll Cashewkerne

4 Datteln

200 ml Sojadrink

100 ml Wasser

½ TL Kurkumapulver

½ TL Zimtpulver

1 Prise gemahlene Vanille

1 Prise gemahlener schwarzer Pfeffer

Durch die Cashewkerne hat der Allrounder eine unwiderstehliche Cremigkeit, das Kurkumapulver sorgt für die strahlend gelbe Farbe.

Bananen, Orangen und Mango schälen, Mangokern entfernen und alles in kleine Stücke schneiden. Mit den restlichen Zutaten in einen Mixer geben und so lange pürieren, bis eine cremige und glatte Masse entsteht.

Auf Schalen aufteilen und garnieren.

Tipp: Als Topping passen geröstete Cashewkerne, Honigmelone, Orange, Minzblätter, Sesamsamen und Limettenabrieb gut zu diesem Allrounder.

pump it up

herbstlicher kürbis-allrounder

Ergibt 2 Portionen

200 g Hokkaidokürbis

Pflanzenöl für die Form

200 g gefrorene Mango

3 cm Ingwer

2 kleine Bananen

½ TL Kurkumapulver

½ TL Zimtpulver

150 ml Mandeldrink

Den Backofen auf 180 °C Umluft vorheizen. Den Kürbis waschen, halbieren, Kerne sowie Strunk entfernen und in grobe Stücke schneiden. In eine geölte Ofenform legen und ca. 20 Minuten im Ofen weich garen. Aus dem Ofen nehmen und mit einem Stabmixer pürieren, bis ein cremiges Püree entsteht. Anschließend abkühlen lassen.

Mango, Ingwer und Bananen schälen, in grobe Stücke schneiden und in einen Mixer geben. Das Kürbispüree, Kurkumapulver, den Zimt sowie den Mandeldrink dazugeben. Alles so lange pürieren, bis eine cremige Masse entsteht.

Auf Schalen verteilen und ganz nach Wunsch mit Toppings garnieren.

Tipp: Als Topping passen Feigen, Mango, Cashewkerne, Buchweizen und Blütenpollen gut zu diesem Allrounder.

choc crave

cremiger schokoladen-espresso-allrounder

Ergibt 2 Portionen

2 kleine, reife Bananen

4 EL Backkakao

4 EL Chiasamen

2 Datteln

300 ml Sojadrink

1 Espresso

Die Bananen schälen und in Scheiben schneiden. Alle Zutaten zusammen in einen Mixer geben und so lange pürieren, bis eine cremige und glatte Masse entsteht.

Auf Schalen aufteilen und garnieren.

Tipp: Als Topping passen geröstete Haselnüsse, Buchweizen, Granatapfelkerne und Sojajoghurt (s. S. 40) gut zu diesem Allrounder.

beet it up

rote-bete-allrounder

Ergibt 2 Portionen

2 gekochte oder 1 rohe Rote Bete

1 kleine Möhre

1 Orange

2 cm Ingwer

150 g gefrorene Himbeeren

4 Datteln

2 EL Chiasamen

200 ml Sojadrink

100 ml Wasser

Rote Bete, Möhre, Orange und Ingwer schälen und in kleine Würfel schneiden. Zusammen mit den restlichen Zutaten in einen Mixer geben und so lange pürieren, bis eine cremige und glatte Masse entsteht.

Auf Schalen aufteilen und garnieren.

Tipp: Als Topping passen Feigen, Banane, Cashewmus (s. S. 48) und Sesamsamen gut zu diesem Allrounder.

berry me

waldbeeren-allrounder

Ergibt 2 Portionen

1 Orange

300 g gefrorene Waldbeeren (Blaubeeren, Himbeeren, Brombeeren)

200 g Sojajoghurt

2 EL Leinsamen

200 ml Soja- oder Kokosdrink

Die Orange schälen und in grobe Würfel schneiden. Zusammen mit den restlichen Zutaten in einen Mixer geben und so lange pürieren, bis eine cremige und glatte Masse entsteht.

Auf Schalen aufteilen und garnieren.

Tipp: Als Topping passen Brombeeren, Himbeeren, Hanfsamen und Blütenpollen gut zu diesem Allrounder.

wonder woman

heidelbeer-allrounder

Ergibt 2 Portionen

100 g Zucchini

2 Bananen

200 g gefrorene Heidelbeeren

200 g Sojajoghurt

2 Handvoll Cashewkerne

Die Zucchini waschen und die Bananen schälen. Alle Zutaten zusammen in einen Mixer geben und solange pürieren, bis eine cremige und glatte Masse entsteht.

Auf Schalen aufteilen und garnieren.

Tipp: Als Topping passen gebackenes Granola (s. S. 55) Dinkelflakes, Kakaonibs und Cashewkerne gut zu diesem Allrounder. Diese beerige, süße Bowl eignet sich perfekt für einen leichten Start in den Tag und versorgt uns mit Antioxidanzien und fördert durch die im Kefir und Sojajoghurt enthaltenden Bakterien ein gesundes Mikrobiom im Darm.

kapitel 3

salate und suppen

erfrischend, knackig, bunt

head full of herbs

kräutersalat aus dem garten

Ergibt 4 Portionen

Für den Salat

80 g Haselnüsse

300 g gemischter Blattsalat

1 Bund gemischte Kräuter (Petersilie, Dill, Koriander)

1 Handvoll Sprossen

200 g eingelegte Artischocken

Für das Dressing

1 Knoblauchzehe

2 EL Apfelessig

5 EL natives Olivenöl extra

2 EL flüssiger Honig

Saft von 1 Orange

Saft und Abrieb von ½ unbehandelten Zitrone

½ TL Kurkumapulver

½ TL Dijon-Senf

½ TL Kräutersalz

Salz, Pfeffer

Die Haselnüsse hacken, in einer erhitzten Pfanne kurz anrösten und zum Abkühlen beiseitestellen.

Die Salatblätter und Kräuter waschen und gut trocken tupfen. Den Salat mundgerecht zubereiten, die Blätter der Kräuter von den Stängeln abzupfen. Auf Speisetellern oder einer großen Salatplatte ein Salatbett aus den Blättern, Kräutern und Sprossen anrichten. Die Artischocken abtropfen lassen und zusammen mit den Haselnüssen auf dem Salatbett verteilen.

Für das Dressing den Knoblauch schälen, fein hacken und zusammen mit den anderen Zutaten in einer kleinen Schale verquirlen. Vor dem Servieren über den Salat träufeln.

Tipp: Der Salat schmeckt besonders mit frischem Sauerteigbrot (s. S. 43) sehr gut. Die Kräuter können nach Belieben und Geschmack variiert werden. Für eine vegane Alternative kann der Honig durch Reissirup ersetzt werden.

peach passion

salat mit pfirsichstreifen und thymian

Ergibt 4 Portionen

Für den Salat

1 Kopf Lollo Rosso, Eichblattsalat

2 Pfirsiche oder Nektarinen

6 Zweige Thymian

4 EL Kürbiskerne

Für das Dressing

2 EL Tahini oder Cashewmus

2 EL Sojadrink

1 TL Apfelessig

1 TL Agavendicksaft

Saft von ½ Zitrone

Salz, Pfeffer

Den Salat waschen und trocken tupfen. Die Salatblätter grob zupfen und auf einer Salatplatte anrichten. Die Pfirsiche oder Nektarinen waschen, entsteinen, in Spalten schneiden. Thymian waschen und trocken schütteln, ggf. die Blättchen abzupfen. Pfirsichspalten und Kürbiskerne auf den Salat geben und mit Thymian dekorieren.

Für das Dressing alle Zutaten in einer Schale vermengen und vor dem Servieren über den Salat träufeln.

endivienne

endivien-fenchel-salat mit grünem apfel und cranberrys

Ergibt 4 Portionen

Für den Salat

2 kleine Endiviensalate

1 Fenchel

1 grüner Apfel

2 EL Pekannüsse

2 EL getrocknete Cranberrys

Für das Dressing

1 TL süßer Senf

4 EL Olivenöl

2 EL Sojadrink

Salz, Pfeffer

Saft von ½ Zitrone

Alle frischen Zutaten waschen und gut trocken tupfen. Die Endiviensalate in Streifen schneiden und den Fenchel fein hobeln. Den Apfel entkernen und in feine Stifte schneiden. Die Pekannüsse grob hacken. Alle Zutaten für den Salat auf einer Platte anrichten und mit den Cranberrys bestreuen.

Für das Dressing Senf, Olivenöl und Sojadrink in einer Schale vermengen. Mit Salz und Pfeffer würzen und Zitronensaft abschmecken. Das Dressing über den Salat träufeln und frisch servieren.

leavy greens

feldsalat mit apfelstiften

Ergibt 4 Portionen

Für den Salat

150 g Feldsalat

1 Apfel (Sorte Elstar)

Für das Dressing

3 EL Olivenöl

1 TL Apfelessig

1 EL Agavendicksaft

Salz, Pfeffer

Saft von ½ Zitrone

Den Feldsalat waschen und gut trocken schleudern. Den Apfel waschen, trocken reiben, entkernen und in dünne Stifte schneiden. Alle Zutaten für den Salat auf einer Platte anrichten.

Für das Dressing Olivenöl, Apfelessig und Agavendicksaft in einer Schale vermengen. Mit Salz und Pfeffer würzen und Zitronensaft abschmecken. Dressing über den Salat träufeln und servieren.

caesar and cleopatra

caesar salat neu interpretiert

Ergibt 4 Portionen

Für den Salat

2 EL Olivenöl

6 EL weiße Quinoa

1 TL Kräutersalz

4 kleine Romanasalatherzen

2 Handvoll gemischte Salatblätter

2 Avocados

4 EL helle Sesamsamen

2 EL Kapern

Für das Dressing

1 TL Apfelessig

3 EL Olivenöl

Saft von ½ Zitrone

1 EL Agavendicksaft

Salz, Pfeffer

Zum Servieren

100 g Parmesan

essbare Blüten

In einer Pfanne das Olivenöl erhitzen und die Quinoa zusammen mit dem Kräutersalz kurz anrösten. Von der Herdplatte nehmen und abkühlen lassen.

Den Salat waschen, trocken schleudern, klein schneiden und in eine Salatschüssel geben. Die Avocados halbieren, entkernen, das Fruchtfleisch aus der Schale lösen und würfeln. Avocado, Sesam, Quinoa und Kapern unter den Salat mischen.

Für das Dressing alle Zutaten in einer Schale mischen, gut vermengen und über den Salat träufeln. Zum Servieren frischen Parmesan hobeln und den Salat damit garnieren. Mit essbaren Blüten dekorieren.

green goddess

herbstlicher spitzkohlsalat mit sprossen und koriander

Ergibt 4 Portionen

Für den Salat

½ Spitzkohl

200 g Sojabohnensprossen

½–1 Bund Koriander

2 EL geröstete helle Sesamsamen

Für das Dressing

3 EL Olivenöl

1 EL Sesamöl

Saft von 1–2 Limetten

Salz, Pfeffer

Den Spitzkohl hobeln oder fein hacken. Die Sprossen in einem Sieb abspülen und abtropfen lassen. Den Koriander waschen, trocken schütteln und die Blätter abzupfen. Alles zusammen entweder in einer Salatschüssel vermengen oder auf einer Salatplatte anrichten.

Mit den Sesamsamen bestreuen. Wenn keine gerösteten vorhanden sind, die Sesamsamen in einer erhitzten Pfanne anrösten.

Für das Dressing alle Zutaten in einer kleinen Schale vermengen und auf den Salat träufeln.

Mit Salz und Pfeffer abschmecken und servieren.

parisienne

französischer bohnensalat mit rucola und gerösteten pinienkernen

Ergibt 4 Portionen

Für den Salat

500 g Brechbohnen

Salz

1 große Zwiebel

1 EL Olivenöl

1 TL brauner Zucker

50 g Pinienkerne

100 g Rucola

Für das Dressing

1 EL Weißweinessig

1 TL Apfelessig

3 EL Olivenöl

1 TL Reissirup

½ TL süßer Senf

Salz, Pfeffer

Die Brechbohnen waschen, in mundgerechte Stücke schneiden und in einem Topf mit reichlich kochendem Salzwasser kochen, bis sie gar sind. Abgießen und mit kaltem Wasser abschrecken. So bleibt die schöne grüne Farbe erhalten.

Die Zwiebel schälen, in feine Würfel schneiden und mit dem Olivenöl in einer erhitzten Pfanne andünsten. Die Pfanne von der Herdplatte nehmen, die Zwiebel mit dem Zucker bestreuen und durch die restliche Wärme karamellisieren lassen.

In einer separaten Pfanne die Pinienkerne goldbraun rösten und abkühlen lassen. Den Rucola waschen und trocken schleudern.

Für das Dressing die Essige, Öl, Reissirup und Senf in einer Schale vermengen. Mit Salz und Pfeffer würzen.

Die abgekühlten Bohnen mit dem Rucola, den Pinienkernen und karamellisierten Zwiebelwürfeln in einer großen Schüssel mischen und mit dem Dressing beträufeln.

scarlet starlet

rotkohlsalat mit braunen linsen, apfel und rote bete

Ergibt 4 Portionen ´

Für den Salat

1 Schalotte

300 g braune Linsen

¼ Rotkohl

4 bunte Möhren

2 Äpfel

2 gegarte Rote Beten

½ Bund Petersilie

Für das Dressing

2 EL Apfelessig

4 EL Olivenöl

1 EL Agavendicksaft

½ TL Dillsamen

Salz, Pfeffer

Scarlet Starlet verbindet die nussigen Aromen der Linsen mit der frischen Süße des Apfels und den erdigen Noten der Roten Bete und gibt eine wunderbare Geschmackskombination. Dazu passen gegrillte oder gegarte Maiskolben.

Die Schalotte schälen und mit Linsen und Wasser aufkochen. Sobald die Linsen gar und bissfest sind, die Schalotte entfernen, die Linsen abgießen und beiseitestellen. Den Rotkohl in Scheiben schneiden und grob hacken. Die Möhren schälen und die Äpfel waschen, trocken reiben und entkernen. Die Rote-Bete-Knollen, Möhren und Äpfel in feine Stifte schneiden. Die Petersilie waschen, trocken schütteln, die Blättchen abzupfen und fein hacken. Alle Zutaten in einer Schale vermengen.

Für das Dressing alle Zutaten in einer Schale vermengen und mit Salz und Pfeffer abschmecken. Über den Salat geben und unterrühren.

Tipp: Dazu passen hervorragend Maiskolben (s. S. 147).

story on a plate

radicchiosalat mit orangen, kräutern und karamellisierten pekannüssen

Ergibt 4 Portionen

Für den Salat

1 Kopf Radicchio

½ Bund glatter Petersilie

2 Blutorangen

2 Handvoll Pekannüsse

2 EL Kamillenblüten

Pecorino nach Belieben

Für das Dressing

Saft von ½ Zitrone

Saft von ½ Orange

3 EL Olivenöl

1 TL Agavendicksaft

½ TL Koriandersamen

Salz, Pfeffer

Radicchio und Petersilie waschen und trocken tupfen. Salatblätter und Petersilie auf Teller verteilen.

Die Blutorangen waschen, in Viertel schneiden und auf dem Salat verteilen. Die Nüsse grob hacken, in einer erhitzten Pfanne kurz anrösten und auf den Salat geben. Mit Kamillenblüten garnieren. Pecorino hobeln und über den Salat geben.

Für das Dressing alle Zutaten in einer Schale vermengen. Mit Salz und Pfeffer würzen und über den Salat träufeln.

greek to meet you

grüner kichererbsensalat mit frischen kräutern

Ergibt 4 Portionen

1 große rote Zwiebel

2–3 Knoblauchzehen

1 rote Peperoni (mittelscharf)

Olivenöl zum Anbraten

250 g Feta

6 Frühlingszwiebeln

½ Bund Koriander

1 Bund glatter Petersilie

400 g Kichererbsen (aus der Dose)

Salz, Pfeffer

Saft von 1–2 Zitronen

Die Zwiebel und den Knoblauch schälen und fein hacken. Die Peperoni waschen, entkernen und ebenfalls fein hacken. Einen guten Schuss Olivenöl in einer Pfanne erhitzen und die Zwiebel darin anschwitzen, bis sie glasig ist. Den Knoblauch und die Peperoni dazugeben und mit andünsten. Die Pfanne von der Herdplatte nehmen und alles gut abkühlen lassen.

Den Feta zerbröseln. Die Frühlingszwiebeln waschen, putzen und fein hacken. Die Kräuter ebenfalls waschen, trocken schütteln, die Blättchen abzupfen und fein hacken. Die Zutaten zusammen mit den gewaschenen und abgetropften Kichererbsen in eine große Schüssel geben. Das abgekühlte Knoblauch-Chili-Öl dazugeben und alles gut vermischen. Mit Salz und Pfeffer würzen und mit Zitronensaft abschmecken.

Tipp: Dieser würzige Salat passt sehr gut zu frischem Fladenbrot oder als Beilage zum Grillen.

curly flower

blumenkohl-taboulé

Ergibt 2 Portionen

Für den Salat

600 g Blumenkohl

Salz

300 g Kirschtomaten

½ Bund glatter Petersilie

4 Stängel Minze

1 kleine rote Zwiebel

Für das Dressing

1 Knoblauchzehe

150 ml Olivenöl

Saft und Abrieb von 1 unbehandelten Zitrone

Salz, Pfeffer

Den Blumenkohl in Röschen zerteilen und in einem Topf mit kochendem Salzwasser bissfest garen. Abgießen, mit kaltem Wasser abschrecken und auf einem Küchenbrett mit einem großen Messer hacken, bis er eine couscousähnliche Struktur annimmt.

Die Kirschtomaten halbieren, die Kräuter waschen, trocken schütteln, die Blätter abzupfen und fein hacken. Die Zwiebel schälen und fein würfeln. Alles zu dem Blumenkohl geben und gut vermengen. Je nach Geschmack kann die Kräutermenge variiert werden.

Für das Dressing den Knoblauch schälen, fein hacken und zusammen mit dem Olivenöl und dem Zitronenabrieb vermischen. Mit Salz und Pfeffer würzen und mit Zitronensaft abschmecken. Über das Taboulé geben und gut vermengen.

caprese in red

caprese-salat mit himbeeren und roter sauce

Ergibt 4 Portionen

Für das Dressing

125 g Himbeeren

1 EL flüssiger Honig

2 TL süßer Senf

2 EL Olivenöl

Saft und Abrieb von ½ unbehandelten Limette

Salz, Pfeffer

Für den Salat

1 kg bunt gemischte Tomaten

250 g Büffelmozzarella

3 Stängel Minze

1 Bund Basilikum

125 g Himbeeren

2 EL Olivenöl

Für das Dressing die Himbeeren waschen, pürieren und durch ein feines Sieb streichen, um die Kerne zu entfernen. In einer Schale das Himbeermus mit Honig, Senf, Olivenöl sowie Limettensaft und -abrieb vermengen und alles zu einer glatten Sauce verrühren. Mit Salz und Pfeffer abschmecken.

Die Tomaten waschen und je nach Form in Scheiben schneiden, halbieren oder vierteln. Den Büffelmozzarella in grobe Stücke zupfen. Die Kräuter waschen, trocken schütteln und die Blätter abzupfen. Auf einer großen Platte die Tomaten und den Mozzarella anrichten und mit Himbeeren und Kräutern garnieren.

Das rote Dressing und das Olivenöl über den Salat träufeln. Mit frischem Brot genießen.

ciao bella

italienischer tomaten-brot-salat

Ergibt 4 Portionen oder 1 große Platte

1 Knoblauchzehe

4 große Tomaten

8 Scheiben Weißbrot

4 EL Olivenöl

Salz, Pfeffer

3 Stängel Basilikum

Den Knoblauch schälen und fein hacken, die Tomaten waschen und in Würfel schneiden.

Die Brotscheiben in eine Schale mit kaltem Wasser tunken. Abtropfen lassen und etwas trocken tupfen. In eine Salatschüssel geben und mit zwei Gabeln in kleine Stücke reißen. Einen ordentlichen Schuss Olivenöl und den Knoblauch dazugeben und mit Salz und Pfeffer würzen. Basilikum waschen, trocken schütteln und die Blätter abzupfen. Zum Schluss die Tomaten und ¾ des Basilikums unterheben.

Den Salat auf Tellern anrichten, mit dem restlichen Basilikum garnieren und nach Belieben noch mit etwas Olivenöl beträufeln.

in the streets of siena

italienische tomaten-brot-suppe

Ergibt 4 Portionen

- 1 große rote Zwiebel
- 2 Knoblauchzehen
- 2 Möhren
- 5 große Fleischtomaten
- 2 Stangen Staudensellerie
- Olivenöl zum Andünsten
- 2 EL Tomatenmark
- 750 ml passierte Tomaten
- Salz, Pfeffer
- 1 Prise Zucker
- 250 g trockenes Weißbrot
- 1 Bund Basilikum
- 500–800 ml Gemüsebrühe

Die Zwiebel, den Knoblauch und die Möhren schälen und fein würfeln. Die Tomaten und den Sellerie waschen und ebenfalls würfeln. In einem Schmortopf einen guten Schuss Olivenöl erhitzen und die Zwiebeln, Möhren und den Sellerie darin andünsten lassen, bis sie glasig sind. Den Knoblauch und anschließend das Tomatenmark hinzufügen und für wenige Minuten andünsten.

Die frischen sowie passierten Tomaten unterrühren und 20 Minuten unter stetigem Rühren köcheln lassen. Mit Salz und Pfeffer würzen und nach Belieben 1 Prise Zucker hinzufügen, wenn die Sauce zu sauer ist.

Das Brot in nicht zu kleine Würfel schneiden. Basilikum waschen, trocken schütteln und die Blättchen abzupfen. Zusammen mit den Brotwürfeln in den Topf geben. Alles gut verrühren, mit Brühe aufgießen und für weitere 30 Minuten köcheln lassen. Das Brot sollte zusammenfallen, sodass die Suppe eine dickflüssige Konsistenz annimmt.

Die Suppe kann nach Belieben mit Olivenöl, Pfeffer und frischen Kräutern, wie Rosmarin, Thymian, Salbei oder Basilikum garniert werden.

Tipp: Es lohnt sich, eine große Portion der Suppe zuzubereiten, da sie am nächsten Tag auch besonders gut schmeckt.

inner glow

orangene linsensuppe

Ergibt 4 Portionen

- 1 große rote Zwiebel
- 5 cm Ingwer
- 1 unbehandelte Zitronen
- 2 EL Olivenöl
- 200 g rote Linsen
- 1 EL Tomatenmark
- ½ TL Chiliflocken
- 800 ml Gemüsebrühe
- 1 Stängel Minze
- Salz, Pfeffer
- 1 TL Paprikapulver

Die Zwiebel und den Ingwer schälen und grob würfeln. Die Zitrone waschen und halbieren. In einem Topf das Olivenöl erhitzen und die Zwiebel und den Ingwer darin glasig andünsten.

Die Linsen in einem Sieb waschen und dazugeben. Das Tomatenmark, die Chiliflocken und die Zitronenhälften unterrühren. Mit der Gemüsebrühe aufgießen und unter gelegentlichem Rühren zum Kochen bringen. Danach die Hitze leicht reduzieren und für weitere 15–20 Minuten zugedeckt köcheln lassen, bis die Linsen weich sind und zerfallen.

Die Minze waschen, trocken schütteln und die Blättchen abzupfen. Den Topf von der Kochstelle nehmen, die abgezupften Minzblätter unterrühren und die Zitronenhälften herausnehmen. Mit einem Mixstab pürieren, bis die Suppe cremig ist. Mit Salz und Pfeffer würzen und mit Paprikapulver garnieren.

hello fresh

möhrensuppe mit gebackenen kichererbsen

Ergibt 4 Portionen

Für die Suppe

2 Schalotten

4 cm Ingwer

2 EL Olivenöl

400 g Möhren

600 ml Gemüsebrühe

Saft von 1 Limette

½ TL Kurkumapulver

Salz, Pfeffer

Für die Kichererbsen

400 g Kichererbsen (aus der Dose)

Saft von ½ Zitrone

1 EL Rapsöl

1 TL Paprikapulver

1 TL Korianderpulver

½ TL Kreuzkümmelpulver

½ TL gerebelter Majoran

½ TL Kurkumapulver

¼ TL Cayennepfeffer

Salz, Pfeffer

Die Schalotten und den Ingwer schälen und klein hacken. In einem großen Topf das Olivenöl erhitzen und Ingwer und Schalotten darin andünsten. Möhren schälen, in grobe Stücke schneiden und ebenfalls in den Topf geben.

Mit Gemüsebrühe aufgießen und mit Limettensaft, Kurkumapulver, Salz und Pfeffer würzen. Für ca. 20–30 Minuten kochen, bis die Möhren weich sind. Die Suppe vom Herd nehmen und pürieren, bis sie cremig ist.

Während die Suppe köchelt, den Backofen auf 180 °C Umluft vorheizen. Die Kichererbsen waschen, abtropfen lassen und in eine Schüssel geben. Zitronensaft, Öl und Gewürze dazugeben und alles gut vermengen. Ein Backblech mit Backpapier auslegen, die Kichererbsen darauf verteilen und 25 Minuten im Backofen goldbraun backen.

Die Suppe auf Teller verteilen und mit den gerösteten Kichererbsen garnieren.

Tipp: Eingelegte Radieschen (s. S. 237), Chili oder frische Kräuter können auch als Garnitur verwendet werden.

corn chowder

cremige maissuppe

Ergibt 4 Portionen

6 mittelgroße Maiskolben

1 große Zwiebel

2 Knoblauchzehen

1 Jalapeño

1 EL Margarine

1 EL Olivenöl

1 EL mildes Chilipulver

3 EL Weizenmehl

900 ml Gemüsebrühe

500 g weiße Bohnen (aus der Dose)

250 ml Sojasahne

Salz, Pfeffer

Saft von ½ Limette

Falls vorhanden, die Blätter der Maiskolben entfernen und mit einem scharfen Messer die Maiskörner abschneiden (ergibt ungefähr 6 Tassen). Zwiebel und Knoblauch schälen und zusammen mit der Jalapeño fein hacken. In einem großen Topf Margarine und Olivenöl erhitzen und die Zwiebelwürfel darin anschwitzen, bis sie glasig sind. Knoblauch, Jalapeño und Chilipulver dazugeben und kurz mit anbraten. Das Mehl unterrühren, bis eine dicke Masse entsteht. Ab diesem Zeitpunkt nach und nach die Brühe einrühren. Den Mais dazugeben, die Suppe zum Kochen bringen und 10 Minuten auf niedriger Temperatur köcheln lassen, bis der Mais weich ist. Die Bohnen abspülen, abtropfen lassen und zusammen mit der Sojasahne in die Suppe geben. Kurz köcheln lassen und mit Salz und Pfeffer abschmecken.

Die Suppe auf Schalen aufteilen und mit einem Spritzer Limettensaft beträufeln.

old fashioned

klare, würzige bohnensuppe

Ergibt 4 Portionen

1,5 l Gemüsebrühe

1 TL Kreuzkümmelsamen

1 Schalotte

2 große Knoblauchzehen

4 Frühlingszwiebeln

1 rote Peperoni

1 große Fleischtomate

400 g getrocknete, weiße Riesenbohnen

¼ Bund Koriander

Salz, Pfeffer

Zum Servieren

Zitronenspalten

Die Bohnen 6–8 Stunden vor dem Kochen (am besten über Nacht) in ausreichend Wasser einlegen.

Die Gemüsebrühe in einem großen Topf zum Kochen bringen. In einer Pfanne den Kreuzkümmel 2–3 Minuten anrösten, bis die Samen anfangen zu duften.

Die Schalotte und den Knoblauch schälen und fein hacken. Die Frühlingszwiebeln putzen und in feine Ringe schneiden. Die Peperoni waschen, entkernen und ebenfalls hacken. Die Tomate waschen, trocknen und den Stielansatz herausschneiden. Tomate grob würfeln. Koriander waschen, trocken schütteln und die Blättchen abzupfen.

Sobald die Gemüsebrühe kocht, die Schalotte, den Knoblauch, die Frühlingszwiebeln, die Peperoni und die Kreuzkümmelsamen dazugeben. Die eingeweichten Bohnen unterrühren und alles 60 Minuten köcheln lassen, bis die Bohnen gar sind. Zum Schluss die Tomate und die Korianderblätter unterrühren.

Mit Salz und Pfeffer abschmecken und mit Zitronenspalten servieren.

Tipp: Verwendet man weiße Riesenbohnen aus der Dose, benötigt man 600 g. Die Kochzeit dauert dann statt 60 Minuten nur 20 Minuten.

fresh from the field

grüne feldsalatsuppe

Ergibt 2 Portionen

300 g mehligkochende Kartoffeln

100 g Feldsalat

2 Schalotten

Olivenöl zum Andünsten

800 ml Gemüsebrühe

50 ml Sojasahne

Salz, Pfeffer

Zum Servieren

Dukkah (s. S. 255)

Die Kartoffeln schälen und in kleine Würfel schneiden, den Feldsalat waschen und trocken schleudern. Die Schalotten schälen, fein würfeln und mit einem großen Schuss Olivenöl in einem erhitzten Topf andünsten, bis sie glasig sind. Die Kartoffeln dazugeben und kurz mit anbraten. Mit der Gemüsebrühe ablöschen, sodass die Kartoffeln vollständig mit Flüssigkeit bedeckt sind und 5–10 Minuten köcheln lassen, bis die Kartoffeln gar sind.

Feldsalat und Sojasahne hinzufügen. Alles gut verrühren, von der Herdplatte nehmen und pürieren. Mit Salz und Pfeffer würzen.

Die Suppe auf Schalen aufteilen, mit Dukkah garnieren und heiß servieren.

princess and the pea

erbsensuppe mit frischer minze und spinat

Ergibt 4 Portionen

2 Schalotten

1 Knoblauchzehe

3 cm Ingwer

Olivenöl zum Andünsten

500 g gefrorene Erbsen

750 ml Gemüsebrühe

2–3 Stängel Minze

100 g Blattspinat

100 ml Sojasahne

Saft von ½ Zitrone

Salz, Pfeffer

Zum Servieren

Kürbiskerne

Die Schalotten, den Knoblauch und den Ingwer schälen und fein würfeln. Einen Schuss Olivenöl in einem Topf erhitzen und die Schalotten und den Knoblauch kurz darin andünsten. Den Ingwer und die Erbsen dazugeben und weitere 3–5 Minuten andünsten. Mit der Gemüsebrühe ablöschen und 10 Minuten köcheln lassen.

Die Minze waschen, trocken schütteln und die Blättchen abzupfen. Den Spinat ebenfalls waschen und zusammen mit der Minze und Sahne hinzugeben. Alles pürieren, bis eine glatte Suppe entsteht. Mit Zitronensaft, Salz und Pfeffer würzen.

Auf Schalen aufteilen, mit Kürbiskernen garnieren und heiß servieren.

detoxing

grüner spargel-gazpacho

Ergibt 2 Portionen

40 g geschälte Mandeln

500 g grüner Spargel

5 EL Olivenöl

Die Mandeln über Nacht in kaltem Wasser einweichen und am nächsten Tag gut abspülen. Den Spargel waschen, die holzigen Spargelenden abschneiden. Den Spargel in grobe Stücke schneiden. 1 EL Olivenöl in einer Pfanne erhitzen,

1 Schalotte

1 Knoblauchzehe

½ grüne Paprika

1 Bund Basilikum

⅓ Gurke

2 EL Apfelessig

1 Prise Himalaja-Salz

Pfeffer

Zum Servieren

Microgreens

Olivenöl zum Beträufeln

die Spargelspitzen darin kurz anbraten und beiseitestellen. Schalotte und Knoblauch schälen und grob klein schneiden. Die Paprika entkernen. Basilikum waschen, trocken schütteln und die Blättchen abzupfen. Gurke und Paprika grob würfeln. Alles zusammen in einen Mixer geben und cremig pürieren. Restliches Olivenöl und den Essig hinzugeben und mit Salz und Pfeffer würzen. Ist die Suppe zu dick, kann Wasser hinzugegeben werden.

Die Suppe auf Schalen verteilen, mit den gerösteten Spargelspitzen und Microgreens garnieren und mit ein paar Tropfen Olivenöl beträufeln.

kapitel 4

gemüse und kräuter

individuell, frisch, bunt

how to

hausgemachte gnocchi

Ergibt 4 Portionen, ca. 1 kg

1 kg mehligkochende Kartoffeln

Salz

1 Ei

200 g Weizenmehl

Die ungeschälten Kartoffeln in einem großen Topf mit reichlich Salzwasser kochen, bis sie gar und weich sind. Das Wasser abgießen und die Kartoffelschale mit einem Messer vorsichtig abpellen. Die Kartoffeln durch eine Kartoffelpresse geben oder mit einer Gabel in einer großen Schüssel zerdrücken, bis keine groben Stücke mehr zu sehen sind.

In der Mitte der Kartoffelmasse eine Mulde bilden, das Ei verquirlen und hineingeben. Mit einer Gabel oder mit den Händen vorsichtig das Ei in die Kartoffelmasse einarbeiten. Nach und nach das Mehl und 1 Prise Salz dazugeben und alles zu einem glatten Teig kneten. Sollte der Teig zu klebrig sein, kann noch etwas Mehl zugegeben werden.

Den Teig auf eine bemehlte Arbeitsfläche geben und vorsichtig zu langen Rollen formen (Ø 1,5 cm). Die Rollen mit einem Messer in 2 cm lange Stücke schneiden. Die einzelnen Gnocchi auf ein bemehltes Küchentuch legen (saugt Feuchtigkeit auf). Eine Mulde in die Gnocchi drücken (so bleibt mehr Sauce haften).

Für die Zubereitung der Gnocchi 3 l Salzwasser in einem großen Topf zum Kochen bringen. Die Gnocchi portionsweise darin garen (so bleiben sie nicht aneinander haften). Steigen sie zur Wasseroberfläche, sind sie fertig und können mit einer Schaumkelle aus dem Wasser genommen werden. Kurz abtropfen lassen und mit einer heißen Sauce servieren oder anbraten.

gnocchi n° 1

hausgemachte gnocchi mit walnussbutter und basilikum

Ergibt 4 Portionen

900 g Gnocchi (s. S. 131)

50 g Walnüsse

2 Handvoll Basilikumblätter

60 g Margarine

Salz, Pfeffer

Gnocchi nach dem Rezept auf S. 131 vorbereiten. Für die Walnussbutter, die Walnüsse grob hacken. Die Basilikumblätter waschen und trocken tupfen. Die Margarine in einer großen Pfanne zerlassen und die Walnüsse darin anrösten.

Die Gnocchi in einem Topf mit kochendem Salzwasser 3–5 Minuten kochen lassen, bis sie an der Oberfläche schwimmen. Vorsichtig abschöpfen und in der Walnussbutter anbraten. Die Basilikumblätter unterrühren und mit Salz und Pfeffer würzen.

Auf Tellern verteilen und servieren.

gnocchi n° 2

hausgemachte gnocchi mit salbeibutter

Ergibt 4 Portionen

900 g Gnocchi (s. S. 131)

2 Knoblauchzehen

40 g Salbeiblätter

60 g Margarine

Salz, Pfeffer

Gnocchi nach dem Rezept auf S. 131 vorbereiten. Für die Salbeibutter den Knoblauch schälen und in feine Scheiben schneiden, die Salbeiblätter waschen und trocken tupfen. Die Margarine in einer großen Pfanne zum Schmelzen bringen. Salbeiblätter und Knoblauch hinzugeben und auf niedriger Hitze 3–5 Minuten andünsten.

Die Gnocchi in einem Topf mit kochendem Salzwasser 3–5 Minuten kochen lassen, bis sie an der Oberfläche schwimmen. Vorsichtig abschöpfen und in der Salbei-Knoblauch-Butter anbraten.

Mit Salz und Pfeffer würzen. Auf Tellern verteilen und servieren.

flame for greens

zucchinistreifen in dillsauce mit spinat

Ergibt 2 Portionen

3 Zucchini

2 Knoblauchzehen

300 g Blattspinat

½ Bund Dill

Olivenöl zum Anbraten

250 ml Sojasahne

Salz, Pfeffer

Muskatnuss

Saft von ½ Zitrone

Die Zucchini waschen und mit einem Sparschäler in breite Steifen schneiden. Den Knoblauch schälen und in dünne Scheiben schneiden. Spinat waschen, trocken schleudern und ggf. die groben Stiele entfernen. Dill waschen, trocken schütteln und kleiner zupfen. 2 EL Olivenöl in einer großen Pfanne auf mittlerer Temperatur erhitzen und den Knoblauch darin andünsten. Den Spinat dazugeben und andünsten, bis er zerfällt.

Die Sojasahne dazugeben und kurz köcheln lassen. Den Dill und die Zucchinistreifen hinzufügen und weitere 3 Minuten garen. Mit Salz, Pfeffer und ¼ TL geriebener Muskatnuss würzen und mit Zitronensaft abschmecken.

Die Zucchinistreifen auf Teller verteilen und nach Belieben mit Dill oder Basilikum garnieren.

the incredible hulk

hanfsamenpesto mit basilikum

Ergibt 4 Portionen

1 kleine Knoblauchzehe

2 Bund Basilikum

80 g Hanfsamen

1 Prise grobes Himalaya-Salz

100 ml Olivenöl

1 Spritzer Zitronensaft

Pfeffer

Für das Pesto den Knoblauch schälen und fein hacken. Basilikum waschen, trocken schütteln und die Blättchen abzupfen. In einem Mörser den Knoblauch, die Hanfsamen, Basilikumblätter und Himalaya-Salz zu einer glatten Masse zerstoßen. Das grobe Salz sorgt dafür, dass die Basilikumblätter fein zerrieben werden. Alternativ kann auch ein Pürierstab verwendet werden. Nach und nach das Olivenöl mit einarbeiten. Mit Zitronensaft und Pfeffer abschmecken.

rocketman

rucolapesto mit basilikum

Ergibt 4 Portionen

50 g Pinienkerne

1 Bund Rucola

2 Handvoll Basilikum

100 ml Olivenöl

1 Spritzer Zitronensaft

Salz, Pfeffer

Für das Rucolapesto die Pinienkerne in einer Pfanne anrösten, bis sie goldbraun sind. Rucola waschen und trocken schleudern. Basilikum waschen, trocken schütteln und die Blätter abzupfen. Pinienkerne zusammen mit Rucola und Basilikum in einem Mörser zerstoßen oder mit einem Stabmixer pürieren. Nach und nach das Olivenöl einarbeiten. Mit Zitronensaft, Salz und Pfeffer abschmecken.

Tipp: Die beiden Pestovariationen schmecken wunderbar mit frischer Pasta (s. S. 203), Zucchinistreifen (s. S. 134), als Brotaufstrich oder Dip für frisches Gemüse.

eat your greens

zitronen-quinoa-bowl mit grünem gemüse

Ergibt 2 Portionen

Für die Quinoa

2 unbehandelte Zitronen

2 TL Fenchelsamen

200 g Quinoa

6 EL Olivenöl

Salz

Für das Gemüse

400 g Kichererbsen (aus der Dose)

200 g gefrorene Erbsen

½ Bund Rucola

2 kleine Zucchini

500 g grüner Spargel

Salz, Pfeffer

2 reife Avocados

Saft von 1 Zitrone

1 Prise Cayennepfeffer

100 ml Orangensaft

1 EL Reissirup

4 EL Olivenöl + etwas zum Anbraten

½ Bund Minze

Die Zitronen waschen, die Schale fein abreiben und den Saft auspressen. Fenchelsamen in einem Mörser grob zerstoßen. In einem Topf die Quinoa mit der gleichen Menge Wasser, einem Schuss Olivenöl, dem Abrieb und 2 EL Zitronensaft, Fenchelsamen und Salz kurz aufkochen lassen. Die Hitze reduzieren und die Quinoa quellen lassen. Anschließend von der Herdplatte nehmen und beiseitestellen.

Die Kichererbsen in einem Sieb durchspülen und abtropfen lassen. Die Erbsen auftauen und kurz in einer Pfanne erwärmen. Rucola, Zucchini und Spargel waschen, die Zucchini mit einem Sparschäler in dünne Streifen hobeln. Die holzigen Spargelenden entfernen und den Spargel in mundgerechte Stücke schneiden. Einen Schuss Olivenöl in einer Pfanne erhitzen und den Spargel darin bissfest braten. Mit Salz und Pfeffer würzen und beiseite stellen.

Die Avocados halbieren, den Kern entfernen und das Fruchtfleisch in einer Schale mit einer Gabel zerdrücken. 2 EL Zitronensaft, Cayennepfeffer und Salz untermischen.

Für das Dressing den restlichen Zitronensaft mit Orangensaft, Reissirup, 4 EL Olivenöl, Salz und Pfeffer in einer Schale verquirlen. Die Minze waschen, trocken schütteln und die Blättchen abzupfen.

Die Quinoa mit einer Gabel auflockern und in Häufchen in zwei Bowls verteilen. Das Gemüse, die Kichererbsen und die Avocadocreme dazu anrichten und alles mit dem Dressing beträufeln. Mit Minzblättern garnieren und sofort servieren.

fall in love

herbstliches ofengemüse mit pflaumen und frischer petersilie

Ergibt 4 Portionen

1 kleiner Hokkaidokürbis

10 Radieschen

8 reife Pflaumen

2 rote Zwiebeln

2 Schalotten

Olivenöl

Salz, Pfeffer

1 Blumenkohl

2 Rote-Bete-Knollen

½ Bund Petersilie

1 Handvoll Kürbiskerne

Den Ofen auf 200 °C Umluft vorheizen. Den Kürbis, die Radieschen und die Pflaumen waschen. Den Kürbis in Spalten schneiden, die Radieschen halbieren, die Pflaumen entsteinen und ebenfalls halbieren. Die Zwiebeln und Schalotten schälen und vierteln. Alles zusammen in eine ofenfeste Form geben, mit Olivenöl beträufeln und mit Salz und Pfeffer würzen. Das Gemüse für 20–30 Minuten im Ofen garen.

Den Blumenkohl in Röschen teilen und die Rote Bete schälen und vierteln. Beides in separaten Töpfen mit Salzwasser gar kochen. Anschließend abgießen und ca. 10 Minuten vor Ende der Garzeit zu dem Gemüse in den Ofen geben. Die Petersilie waschen, trocken schütteln, die Blättchen abzupfen und hacken.

Das Ofengemüse auf Teller verteilen, mit der Petersilie und Kürbiskernen garnieren und mit Olivenöl beträufeln.

crostini

geröstetes brot mit erbsenmus, tomatensalsa und sardinen

Ergibt 4 Portionen

Für das Brot

2 Baguettes

3 EL Olivenöl

½ TL Chiliflocken

1 Knoblauchzehe

Für das Erbsenmus

200 g gefrorene Erbsen

3 EL kochendes Wasser

Saft von ½ Limette

1 EL Olivenöl

Salz, Pfeffer

1 Stängel Minze

Für die Tomatensalsa und Sardinen

2 große Fleischtomaten (z. B. Ochsenherztomaten)

1 EL Olivenöl + etwas zum Beträufeln

1 Dose Sardinen (100 g)

2 TL Kapern

Salz, Pfeffer

Die Baguettes in Scheiben schneiden. Eine Grillpfanne auf mittlerer Temperatur erhitzen, Olivenöl und Chiliflocken mischen und damit die Pfanne einpinseln. Die Brotscheiben darin rösten, bis sie goldbraun sind. Eine Knoblauchzehe schälen, halbieren und damit die gerösteten Brotscheiben einreiben.

Für das Erbsenmus die Erbsen mit dem Wasser, Limettensaft und Olivenöl in einen Messbecher geben und pürieren, bis eine glatte Masse entsteht. Mit Salz und Pfeffer würzen und auf dem gerösteten Brot verteilen. Die Minze waschen, trocken schütteln, die Blätter abzupfen und die Brote mit der Minze garnieren.

Für die Tomatensalsa die Tomaten waschen und halbieren. Olivenöl in einer Pfanne erhitzen und die Tomaten mit der Schnittseite nach unten darin anbraten, bis sie weich werden. Anschließend mit einer Gabel leicht zerdrücken und auf den gerösteten Brotscheiben verteilen. Die Sardinen und Kapern darauf verteilen. Mit Olivenöl beträufeln und mit Salz und Pfeffer würzen.

clean green

rosenkohl in knoblauch-petersilien-mantel auf zitronen-couscous

Ergibt 2 Portionen

Für den Couscous

200 ml Gemüsebrühe

200 g Couscous

Abrieb von 1 unbehandelten Zitrone

Für den Rosenkohl

30 g gehobelte Mandeln

2 EL Olivenöl

3 Knoblauchzehen

300 g Rosenkohl

Saft von ½ Zitrone

10 g Paniermehl

1 Bund Petersilie

Salz, Pfeffer

Für den Couscous die Gemüsebrühe aufkochen. Den Couscous damit begießen und ca. 10 Minuten garen lassen. Anschließend mit einer Gabel auflockern, sodass er schön fluffig bleibt. Den Zitronenabrieb unterrühren.

Die gehobelten Mandeln in einer Pfanne leicht anrösten, bis sie zu knuspern beginnen, anschließend beiseitestellen.

In derselben Pfanne das Olivenöl erhitzen. Die Knoblauchzehen andrücken, sodass sich die Schale leicht von der Zehe löst und in dem Öl anschwitzen. Den Rosenkohl putzen, halbieren und mit der Schnittseite in die Pfanne geben und mit geschlossenem Deckel garen lassen. Nach 10 Minuten den Zitronensaft und das Paniermehl unterrühren. Mit geschlossenem Deckel weitergaren, bis der Rosenkohl bissfest ist. Die Petersilie waschen, trocken schütteln und die Blättchen abzupfen. Vor dem Servieren unter den Rosenkohl heben. Alles mit Salz und Pfeffer abschmecken.

Den Couscous auf Teller verteilen, den Rosenkohl dazugeben (darauf achten, dass der Knoblauch nicht mit angerichtet wird) und mit den gerösteten Mandeln garnieren.

corny

zuckermaiskolben mit geschmolzener margarine und zitrone

Ergibt 4 Maiskolben

4 frische Zuckermaiskolben

Salz

2 EL Margarine

1 Prise grobes Meersalz

Abrieb von 1 unbehandelten Zitrone

Pfeffer

Die Maiskolben waschen und in einem Topf mit kochendem Salzwasser für 10 Minuten blanchieren.

Anschließend die Margarine in einer Pfanne erhitzen, das Grün der Maiskolben nach oben schlagen und die Maiskolben goldbraun braten. Mit grobem Meersalz, Zitronenabrieb und Pfeffer garnieren.

from farm to table

maisküchlein mit räucherlachs und dill

Ergibt 4 Portionen

Für die Maisküchlein

4 vorgekochte Maiskolben oder 400 g Mais (aus der Dose)

60 g Weizenmehl

3 Eier

Salz, Pfeffer

Öl zum Braten

Zum Servieren

Dill

geräucherter Lachs

Zitronenspalten

Beim Verwenden von frischen Maiskolben, die Maiskolben aufrecht auf ein grobes Küchenbrett stellen und mit einem scharfen Messer die Körner von oben nach unten abschneiden. Beim Verwenden von Mais aus der Dose diesen gut abtropfen lassen.

Mais, Mehl, Eier, Salz und Pfeffer in einer Küchenmaschine vermengen und mixen, bis eine grobe Masse entsteht. Einen Schuss Öl in einer Pfanne erhitzen und pro Küchlein 2 EL Maismasse in die Pfanne geben. Die Küchlein von beiden Seiten goldbraun backen und auf einen mit Küchenpapier ausgelegten Teller legen. Die Küchlein können im vorgeheizten Backofen warm gehalten werden. Mit frisch gehacktem Dill, geräuchertem Lachs und Zitronenspalten servieren.

fall for you

kartoffel-petersilienwurzel-püree mit pilzragout und calvados-äpfeln

Ergibt 4 Portionen

Für die Calvados-Äpfel

2 Äpfel (z. B. Elstar)

Saft von ½ Zitrone

1 EL Margarine

½ EL brauner Zucker

50 ml Calvados

Für das Püree

300 g Kartoffeln

350 g Petersilienwurzel

Salz

250 ml Pflanzendrink

1 EL Margarine

Pfeffer, Muskatnuss

Für das Pilzragout

150 g Kräuterseitlinge

200 g Pfifferlinge

100 g Champignons

2 Schalotten

2 Knoblauchzehen

je 2 Zweige Rosmarin und Thymian

2 EL Olivenöl

Salz

3 EL Tomatenmark

1 TL Balsamico

300 ml Gemüsebrühe

Die Äpfel schälen, in Spalten schneiden und mit Zitronensaft beträufeln. Die Margarine in einem Topf zerlassen und die Äpfel darin unter Wenden goldgelb braten. Den Zucker über die Äpfel streuen und diese weiterbraten, bis sich der Zucker aufgelöst hat und die Äpfel karamellisieren. Den Calvados über die Äpfel gießen und mit einem Streichholz anzünden, um die Äpfel zu flambieren. Achtung: Es entsteht eine Stichflamme, daher aufpassen, dass der Deckenraum frei ist. Um die Flamme zu löschen, den Topf vom Herd ziehen und einen feuerfesten Deckel auflegen. Anschließend vom Herd nehmen und abkühlen lassen.

Für das Püree die Kartoffeln und die Petersilienwurzeln schälen und in grobe Stücke schneiden. In einem Topf mit Salzwasser zum Kochen bringen und 20 Minuten köcheln lassen, bis beides gar ist. Anschließend abgießen, Pflanzendrink und Margarine dazugeben und mit einem Stampfer zu einem Püree verarbeiten.

Für das Pilzragout die Pilze mit einem Küchenpinsel säubern, putzen und in grobe Stücke schneiden. Die Schalotten und die Knoblauchzehen schälen und fein hacken. Die Kräuter waschen, trocken schütteln, die Nadeln und Blätter abzupfen und ebenfalls grob hacken.

Das Olivenöl in einer Pfanne erhitzen und die Schalotten darin andünsten, bis sie glasig sind. Die Pilze und 1 Prise Salz dazugeben und 5 Minuten mit andünsten, bis die Pilze einfallen und Wasser verlieren. Den Knoblauch und die Kräuter dazugeben. Das Tomatenmark und den Balsamico unterrühren und kurz mit anbraten. Anschließend mit der Gemüsebrühe ablöschen und einkochen lassen, bis die Sauce andickt und ein Ragout entsteht.

Das Püree auf Tellern verteilen, das Pilzragout anrichten und mit Calvados-Äpfeln garnieren.

tom's tarte

tomatentarte mit frischem thymian

Ergibt 1 Tarte

Für den Teig

170 g Weizenmehl oder Dinkelmehl (Type 630) + etwas für die Arbeitsfläche

30 g gemahlene Nüsse (Mandeln oder Haselnüsse)

1 TL Salz

100 ml Olivenöl

2 EL kaltes Wasser

Margarine zum Einfetten

Für die Füllung

300 g gemischte bunte Tomaten

1 Knoblauchzehe

4 EL Olivenöl

2 Stängel Thymian

Salz, Pfeffer

Für den Teig Mehl, Nüsse und Salz in einer Rührschüssel vermengen. In der Mitte eine Mulde formen und das Olivenöl hineingeben. Den noch krümeligen Teig mit den Händen zu einem glatten Teig kneten. Wenn der Teig zu trocken ist, kaltes Wasser hinzufügen, bis er bindet. Den Teig zu einer Kugel formen und abgedeckt für mindestens 30 Minuten in den Kühlschrank stellen.

Den Backofen auf 180 °C Umluft vorheizen und eine Tarte- oder Springform (Ø 28 cm) einfetten oder den Boden mit Backpapier auslegen.

Den kalten Teig auf einer bemehlten Arbeitsplatte rund ausrollen und die Form damit auslegen. Den Teig leicht an den Seiten fest drücken, bis er haften bleibt. Den Tarteboden in der Form mehrfach mit einer Gabel einstechen und für 20 Minuten im Ofen goldbraun backen.

Für die Füllung die Tomaten waschen, trocknen und die Stielansätze herausnehmen. Tomaten in feine Scheiben schneiden. Den Knoblauch schälen, fein hacken und mit Olivenöl in einer Schale vermengen. Thymian waschen, trocken schütteln und die Blättchen abzupfen. Unter die Tomaten heben, einen Teil des Thymians beiseitestellen für die Garnitur. Mit Salz und Pfeffer würzen.

Den vorgebackenen Tarteboden aus dem Backofen nehmen, die Tomaten gleichmäßig darauf verteilen und mit der Olivenölmischung beträufeln. Für weitere 20–30 Minuten im Ofen backen, bis die Tomaten leicht eingefallen sind und Saft verlieren.

In Stücke schneiden und mit Thymian garnieren.

oriental studies

geröstete auberginen mit granatapfeldressing und frischer minze

Ergibt 4 Portionen

Für die Auberginen

3–4 Auberginen

2 TL Salz

Olivenöl zum Beträufeln

½ TL Chiliflocken

Pfeffer

Für das Dressing

1 Granatapfel

125 g Himbeeren

1 EL Agavendicksaft

2 EL Olivenöl

Saft von 1 Zitrone

Salz, Pfeffer

4 Stängel Minze

Den Backofen auf 180 °C Umluft vorheizen. Die Auberginen waschen und in 0,5 cm dicke Scheiben schneiden. Mit Salz bestreuen, 10 Minuten stehen lassen, dann auf ein mit Backpapier ausgelegtes Backblech geben. Mit Olivenöl beträufeln, mit Chiliflocken und Pfeffer würzen und für 15 Minuten backen, bis die Auberginen goldbraun sind. Wenden und weitere 5–10 Minuten backen.

Den Granatapfel vorsichtig aufschneiden und die Kerne aus dem Gehäuse lösen. Die Hälfte zum Garnieren beiseitestellen, die restlichen Kerne zusammen mit den anderen Zutaten für das Dressing in einer Schale vermengen und pürieren. Das Dressing durch ein Sieb geben, um grobe Stücke zu entfernen und mit Salz und Pfeffer abschmecken. Die Minze waschen, trocken schütteln und die Blättchen abzupfen.

Die Auberginen auf einer großen Platte verteilen und mit dem Dressing beträufeln. Mit Granatapfelkernen und frischer Minze garnieren.

summer in rolls

gefüllte sommerrollen mit wilden kräutern

Ergibt 10–15 Sommerrollen

Für die Sommerrollen

100 g bunte Salatblätter

1 Handvoll Blattspinat

¼ Bund Koriander

¼ Bund glatter Petersilie

100 g Edamame-Sojabohnenkerne

½ Gurke

½ Zucchini

100 g Tempeh oder Tofu

1 EL Sesamöl

1 EL Tamari-Sojasauce

150 g Reisnudeln

10–15 runde Reispapierblätter

50 g Sojasprossen

Für die Erdnusssauce

2 Knoblauchzehen

6 cm Ingwer

4 EL Erdnussmus

2 EL Tamari-Sojasauce

lauwarmes Wasser

Saft von 1 Limette

Die Salatblätter, den Spinat sowie die Kräuter waschen und trocken schleudern bzw. schütteln. Die Edamame-Sojabohnenkerne in einer Pfanne kurz erwärmen. Die Gurke in feine Stifte und die Zucchini mit einem Sparschäler in dünne Streifen schneiden. Den Tempeh oder Tofu würfeln, in Sesamöl und Sojasauce einlegen und anschließend in einer Pfanne knusprig braten. Die Reisnudeln nach Packungsangabe kochen, mit kaltem Wasser abschrecken und beiseitestellen.

Für die Erdnusssauce den Knoblauch und Ingwer schälen und beides fein hacken. Die Erdnussbutter und Sojasauce in einer Schale mischen. Nach und nach so viel lauwarmes Wasser hinzugeben und einrühren, bis eine dickflüssige Sauce entsteht. Den Knoblauch und Ingwer unterrühren und mit Limettensaft abschmecken.

Das Reispapier in einer Schale mit warmem Wasser einzeln für jeweils 30 Sekunden einweichen. Auf ein Holzbrett legen und mit Salat, Gemüse, Sprossen, Kräutern und Tempeh oder Tofu füllen. Vorsichtig zusammenrollen, dafür erst die untere Seite nach oben klappen und anschließend von einer Seite aufrollen.

Die fertigen Rollen auf einer großen Platte servieren und mit der Erdnusssauce genießen.

Tipp: Die Sommerrollen können auch mit anderen Gemüsesorten, Sprossen, Kräutern oder Nudeln gefüllt werden.

kapitel 5

reis, hülsenfrüchte und getreide

nährstoffreich, kulinarisch, vielfältig

grains and gains

quinoa-risotto

Ergibt 4 Portionen

Für den Risotto

1 mittelgroße Süßkartoffel

6 EL Sesamöl

¼ TL Zimtpulver

1 Knoblauchzehe

4 cm Ingwer

250 g Quinoa

½ TL Kurkumapulver

3 EL Tamari-Sojasauce

500 ml Gemühsebrühe

400 ml Kokosmilch

Salz, Pfeffer

Zum Servieren

1 EL Kokosmilch

Sesamöl

Den Ofen auf 200 °C Ober- und Unterhitze vorheizen. Die Süßkartoffel schälen und würfeln. Mit 2 EL Sesamöl und Zimt mischen und im Ofen ca. 25 Minuten weich garen. Die Süßkartoffelwürfel mit einem Stampfer zu Püree verarbeiten und beiseitestellen.

Den Knoblauch und den Ingwer schälen und fein hacken. Die Quinoa in einem Sieb gut durchspülen. 4 EL Sesamöl in einem Topf erhitzen und den Knoblauch und Ingwer leicht andünsten, die restlichen Gewürze hinzufügen. Die Quinoa gut abtropfen lassen und dazugeben. Mit Sojasauce ablöschen und mit Gemüsebrühe aufgießen. Einkochen lassen und das Süßkartoffelpüree unterrühren. Nach und nach die Kokosmilch hinzufügen und köcheln lassen, bis die Quinoa bissfest ist.

Mit Salz und Pfeffer abschmecken und auf Teller anrichten. Mit Kokosmilch und ein paar Tropfen Sesamöl servieren.

Tipp: Gekochter Brokkoli und frischer Blattsalat passen gut als Beilage.

easy buck

buchweizen-risotto mit apfelstückchen

Ergibt 4 Portionen

Für den Risotto

200 g Petersilienwurzel oder Pastinake

6 EL Olivenöl

1 Apfel

2 Schalotten

1 Knoblauchzehe

1 Zweig Rosmarin

300 g Buchweizen

150–200 ml trockener Weißwein

700 ml Gemüsebrühe

200 ml Wasser

2 EL Margarine

80 g frisch geriebener Pecorino

1 TL frischer Liebstöckel

Salz, Pfeffer

Zum Servieren

Rosmarinnadeln

Den Ofen auf 200 °C Ober- und Unterhitze vorheizen. Die Petersilienwurzel schälen, würfeln und auf einem mit Backpapier ausgelegten Backblech verteilen. Mit 2 EL Olivenöl beträufeln und im Backofen 20 Minuten weich garen.

Den Apfel waschen, trocknen, entkernen und in kleine Würfel schneiden. Die Schalotten und den Knoblauch schälen und fein hacken. Das restliche Olivenöl in einem Topf erhitzen und die Zwiebeln und den Apfel darin andünsten. Den Knoblauch, die vorgegarte Petersilienwurzel und den Rosmarinzweig dazugeben und mit anbraten. Den Buchweizen abwaschen, abtropfen lassen und unterrühren. Mit Weißwein ablöschen und umrühren, bis der Alkohol verflogen und die Flüssigkeit auf die Hälfte eingekocht ist. Nach und nach die Gemüsebrühe und das Wasser dazugeben und einköcheln lassen, bis der Buchweizen bissfest ist.

Die Margarine, Pecorino und Liebstöckel unterrühren. Kurz ziehen lassen, mit Salz und Pfeffer würzen und den Rosmarinzweig entfernen. Auf Teller verteilen, mit frischem Rosmarin garnieren und servieren.

Tipp: Für eine vegane Alternative kann der Pecorino weggelassen werden.

risotto light

blumenkohl-risotto mit gerösteten radieschen

Ergibt 4 Portionen

Für die Radieschen

1 Bund Radieschen

2 EL Olivenöl

Salz, Pfeffer

Für den Risotto

1 Zwiebel

2 Knoblauchzehen

2 Stangen Staudensellerie

1 Blumenkohl (ca. 400 g)

4 EL Olivenöl

1 ½ EL Margarine

150 g Risottoreis

200 ml Weißwein (vegan)

1 l Gemüsebrühe

Salz, Pfeffer

Zum Servieren

Blattsalat

Den Backofen auf 180 °C Umluft vorheizen. Die Radieschen waschen, putzen, halbieren und auf ein mit Backpapier ausgelegtes Backblech geben. Mit Olivenöl beträufeln, mit Salz und Pfeffer würzen und für 20 Minuten garen lassen, bis sie rosa und weich sind.

Für den Risotto die Zwiebel und den Knoblauch schälen und fein hacken. Den Sellerie putzen und in Scheiben schneiden, den Blumenkohl waschen, den Strunk entfernen und fein hacken. Das Olivenöl und ½ EL Margarine in einem Topf erhitzen und Zwiebeln, Knoblauch und Sellerie darin andünsten. Den Blumenkohl und Reis dazugeben und kurz mit anschwitzen. Anschließend mit dem Weißwein ablöschen und köcheln lassen, bis die Flüssigkeit eingezogen ist. Nach und nach die Gemüsebrühe dazugeben und immer wieder einköcheln lassen. Sobald der Reis gar ist, den Topf von der Kochstelle nehmen. Mit Salz und Pfeffer würzen, die restliche Margarine unterrühren und kurz ziehen lassen.

Den Risotto auf Teller verteilen, mit den Radieschen und Blattsalat garnieren und frisch servieren.

cocooning

kürbis-kokos-risotto

Ergibt 4 Portionen

Für das Kürbispüree

½ Hokkaidokürbis (ca. 500 g)

1 EL Olivenöl

Salz, Pfeffer

½ EL frisch geriebene Muskatnuss

Für den Risotto

1 Zwiebel

3 Knoblauchzehen

4 EL Olivenöl

300 g Risottoreis

250 ml Weißwein (vegan)

1 l Gemüsebrühe

Kürbispüree (s. oben)

150 ml Kokosmilch

Salz, Pfeffer

Den Ofen auf 180 °C Umluft vorheizen und ein Backblech mit Backpapier auslegen. Für das Kürbispüree den Hokkaidokürbis waschen, halbieren, den Strunk entfernen und entkernen. Auf das Blech legen, mit Olivenöl bestreichen und ca. 30–35 Minuten weich garen. Den Kürbis aus dem Ofen nehmen, leicht abkühlen lassen, in eine Rührschüssel geben und pürieren oder zerstampfen. Mit Salz, Pfeffer und Muskatnuss würzen.

Für den Risotto die Zwiebel und den Knoblauch schälen und klein hacken. Das Olivenöl in einem Schmortopf erhitzen und die Zwiebel darin anschwitzen, bis sie glasig ist. Knoblauch und Risottoreis dazugeben und mit andünsten. Mit Weißwein ablöschen. Nach und nach die Gemüsebrühe dazugeben und unter stetigem Rühren köcheln lassen, bis der Reis gar, aber noch bissfest ist.

Zum Ende der Garzeit die Kokosmilch und das fertige Kürbispüree unterrühren und weitere 5 Minuten köcheln lassen. Den Topf vom Herd nehmen, den Risotto kurz ziehen lassen und mit Salz und Pfeffer würzen.

Auf Teller verteilen und genießen.

Tipp: Kürbisspalten und Gemüsechips bieten sich hervorragend als Topping an.

potato meets coco

kartoffel-kokos-eintopf mit reis

Ergibt 4 Portionen

400 g festkochende Kartoffeln

Salz

200 g Reis

2 Knoblauchzehen

4 cm Ingwer

200 g Champignons

10 Stängel Koriander

1 EL Kokosöl

1 ½ EL Tomatenmark

1 EL rote Thai-Currypaste (glutenfrei)

1 TL Kurkumapulver

400 g gestückelte Tomaten (aus der Dose)

400 ml Kokosmilch

400 g gefrorene Erbsen

Pfeffer

Zum Servieren

Koriander

Die Kartoffeln schälen, abwaschen, halbieren und in einem Topf mit Salzwasser auf mittlerer Temperatur zum Kochen bringen. Sobald sie gar sind, abgießen und beiseitestellen. Den Reis in einem weiteren Topf nach Packungsbeilage garen.

Währenddessen den Knoblauch und den Ingwer schälen und fein hacken. Die Champignons putzen und vierteln. Den Koriander waschen, trocken schütteln und die Blätter abzupfen. Das Kokosöl in einer Pfanne auf mittlerer Temperatur erhitzen und den Knoblauch sowie Ingwer darin andünsten, bis sie glasig sind. Das Tomatenmark, die rote Currypaste und das Kurkumapulver hinzugeben, kurz mit andünsten. Mit den Tomaten und der Kokosmilch ablöschen, die Champignons dazugeben und alles 10 Minuten köcheln lassen.

Zum Ende der Garzeit die Erbsen und Kartoffeln unterheben und kurz mitköcheln lassen. Mit Salz und Pfeffer würzen.

Den Reis auf Schalen verteilen, den Kartoffeleintopf dazugeben und mit frischem Koriander garnieren.

coco no loco

frisches zitronengras-curry mit grünem gemüse und reis

Ergibt 4 Portionen

2 cm Ingwer

2 Knoblauchzehen

2 Stangen Zitronengras

1 gelbe Paprika

1 Stange Lauch

2 Pak Choi

1 EL Kokosöl

2 EL milde grüne Thai-Currypaste (glutenfrei)

800 ml Kokosmilch

Salz, Pfeffer

200 g Reis

1 Limette

Ein frisches und belebendes Curry: scharfer Ingwer, erfrischendes Zitronengras, knackiges Gemüse, cremige Kokosmilch und aromatische Currypaste.

Ingwer und Knoblauch schälen und fein hacken. Vom Zitronengras nur das weiche Innere verwenden. Waschen, trocknen und in feine Ringe schneiden. Das Gemüse waschen, putzen und nach Belieben in dünne Streifen schneiden.

Das Kokosöl in einer Pfanne erhitzen und den Ingwer und Knoblauch darin 1–2 Minuten andünsten. Die Currypaste einrühren und mitdünsten. Das Gemüse in die Pfanne geben und 3–5 Minuten mitkochen. Mit Kokosmilch ablöschen und weitere 8–10 Minuten köcheln lassen, bis das Gemüse gar ist. Mit Salz und Pfeffer abschmecken.

In einem separaten Topf den Reis nach Packungsbeilage garen.

Den Reis und das Curry auf Teller verteilen und mit Limettenspalten servieren.

dal

herbstliches kürbisdal mit basmatireis

Ergibt 4 Portionen

Für das Dal

½ Hokkaidokürbis (ca. 500 g)

2 EL Currypulver

Olivenöl

Salz, Pfeffer

1 rote Zwiebel

2 Knoblauchzehen

2 cm Ingwer

1 grüne Peperoni

½ EL Garam Masala

1 TL Kurkumapulver

1 TL Cayennepfeffer

200 g rote Linsen

400 ml Kokosmilch

300 ml Gemüsebrühe

400 g Basmatireis

Zum Servieren

Koriander

geröstete Erdnüsse

helle Sesamsamen

Limettenspalten

Den Backofen auf 180 °C Umluft vorheizen. Den Kürbis waschen, trocknen, entkernen und in 1 cm große Würfel schneiden. Auf ein mit Backpapier ausgelegtes Backblech oder in eine geölte Ofenform geben, mit ½ EL Currypulver, 2 EL Olivenöl, Salz und Pfeffer würzen und im Backofen für 20 Minuten garen.

Die Zwiebeln, den Knoblauch und den Ingwer schälen und fein hacken. Die Peperoni entkernen (optional) und in feine Streifen schneiden. Einen Schuss Öl in einem großen Topf erhitzen und Zwiebeln, Knoblauch, Ingwer und Peperoni darin andünsten. Restliches Currypulver, Garam Masala, Kurkuma und Cayennepfeffer unterrühren. Die Linsen in einem Sieb gründlich durchspülen, bis das Wasser klar ist. Anschließend in den Topf geben und kurz mit andünsten. Mit der Kokosmilch und der Gemüsebrühe ablöschen und 10–15 Minuten köcheln lassen, bis die Linsen gar sind. Den vorgegarten Kürbis in das Dal geben und gut unterrühren.

Den Reis in einem Topf mit Salzwasser nach Packungsanleitung garen. Den Koriander zum Servieren waschen, trocken schütteln und die Blätter abzupfen.

Das Dal und den Reis auf Schalen verteilen und mit Erdnüssen, Sesamsamen, Koriander und Limettenspalten garnieren.

umami tsunami

tempeh-spieße mit pilzen, reis und erdnusssauce

Ergibt 4 Portionen

Für die Erdnusssauce

1 Schalotte

1 Knoblauchzehe

1 rote Chilischote

Olivenöl

1 EL brauner Zucker

200 ml Kokosmilch

2 EL Tamari-Sojasauce

100 ml Wasser

1 TL Currypulver

80 g Erdnussmus

Salz, Pfeffer

Saft von ½ Zitrone

Für die Spieße

250 g Tempeh

200 g Buchenpilze

1 Knoblauchzehe

4 EL Pflanzenöl

1 TL Agavendicksaft

Saft von 1 Limette

½ TL Cayennepfeffer

Für den Reis

200 g Vollkornreis

Die Schalotte und den Knoblauch schälen, die Chilischote waschen und ggf. entkernen. Alles fein hacken und in einer Pfanne auf mittlerer Hitze mit einem Schuss Öl glasig andünsten. Zum Karamellisieren den Zucker darüberstreuen und gut unterrühren.

Mit der Kokosmilch, Sojasauce und dem Wasser ablöschen. Das Currypulver dazugeben und die Sauce 5 Minuten köcheln lassen. Das Erdnussmus einrühren. Mit Salz, Pfeffer und Zitronensaft abschmecken.

Für die Spieße 12 Holzspieße 5 Minuten in Wasser einlegen. Den Tempeh in Würfel schneiden und die Pilze putzen. Für die Marinade den Knoblauch schälen und fein hacken. Zusammen mit Öl, Agavendicksaft, Limettensaft und Cayennepfeffer in einer Schale vermengen. Den Tempeh und die Pilze 30 Minuten darin einlegen. Die Tempehwürfel auf die Spieße ziehen und zusammen mit den Pilzen auf dem Grill oder in einer Pfanne in einem Schuss Öl knusprig braun rösten.

Den Reis in einem Topf nach Packungsbeilage garen. Die gegrillten Spieße mit den Pilzen, der Erdnusssauce und dem Reis servieren.

magic mushrooms

reisnudelsalat mit gebackenen shiitake

Ergibt 4 Portionen

Für die Pilze

300 g Shiitake

300 g Weizenmehl

2 EL Pflanzenöl

Wasser

40 g helle Sesamsamen

100 g Semmelbrösel

Für das Dressing

2 Knoblauchzehen

1 rote Chilischote

1 Stange Zitronengras

2 EL Kokosöl

2 EL milde rote Thai-Currypaste

2 EL Tomatenmark

2 EL Reissirup

4 EL Sojasauce

1 EL Sesamöl

Saft und Abrieb von 1 unbehandelten Limette und 1 Orange

Für den Salat

300 g Reismudeln

1 Gurke

je ½ Bund Minze, Koriander und Thai-Basilikum

2 EL eingelegte Radieschen (s. S. 237)

Sprossen und Microgreens

Den Ofen auf 180 °C Umluft vorheizen. Die Pilze putzen und in Scheiben schneiden. In einer Schale das Mehl mit dem Öl und genügend Wasser mischen, bis eine teigartige, dickflüssige Masse entsteht. In einer weiteren Schale den Sesam mit den Semmelbröseln vermengen. Die Pilze in die Mehlmischung tunken und anschließend in der Sesam-Brösel-Mischung wenden. Auf einem mit Backpapier ausgelegten Backblech verteilen und für 20–30 Minuten goldbraun backen.

Für das Dressing den Knoblauch schälen, die Chilischote waschen, entkernen und beides fein hacken. Das Zitronengras waschen und putzen, nur das Innere verwenden und in feine Ringe schneiden. Das Kokosöl in einer Pfanne erhitzen und Knoblauch und Chili darin anschwitzen, bis sie weich und glasig sind. Alle anderen Zutaten hinzugeben und 20 Minuten einkôcheln lassen. Wird die Sauce zu dick, kann Wasser hinzugefügt und mit eingekocht werden. Vom Herd nehmen und abkühlen lassen.

In der Zwischenzeit die Reisnudeln in einem Topf mit kochendem Salzwasser nach Packungsanweisung garen. Die Gurke waschen, trocknen und in Scheiben schneiden. Die Kräuter waschen, trocken schütteln und die Blätter abzupfen. Die Reisnudeln abgießen, auf Tellern verteilen und mit Gurke, Radieschen, Sprossen, Microgreens, Kräutern und den fertig gebackenen Pilzen garnieren. Anschließend mit der Sauce beträufeln und frisch servieren.

asian twist

reisnudelsalat mit rote-bete-hummus, erdnusssauce und kräutern

Ergibt 4 Portionen

Für den Salat

300 g Reisnudeln

2 EL Sesamöl

2 EL Tamari-Sojasauce

1 Gurke

4 Handvoll Blattspinat

250 g gemischter Salat

½ Bund Petersilie

½ Bund Koriander

400 g Kichererbsen (aus der Dose)

40 g Pinienkerne

4 EL Rote-Bete-Hummus (s. S. 182)

Für die Sauce

1 Knoblauchzehe

2 cm Ingwer

2 EL Erdnussmus

1 EL Tamari-Sojasauce

lauwarmes Wasser

Saft von ½ Limette

Die Reisnudeln in einem Topf nach Packungsanweisung zubereiten. Die Nudeln abgießen, zurück in den Topf geben und in Sesamöl und Sojasauce schwenken

Die Gurke waschen, trocknen und in Stifte schneiden. Spinat, Salat und Kräuter waschen und trocken schleudern oder schütteln. Die Blätter von den Kräutern abzupfen. Die Kichererbsen abspülen und abtropfen lassen.

Die Pinienkerne in einer Pfanne anrösten, bis sie goldbraun sind.

Für das Dressing den Knoblauch und Ingwer schälen und beides fein hacken. Die Erdnussbutter und Sojasauce in einer Schale mischen. Nach und nach so viel lauwarmes Wasser hinzugeben und mit der Erdnussbutter verrühren, bis eine dickflüssige Sauce entsteht. Knoblauch sowie Ingwer unterrühren und mit Limettensaft abschmecken.

Reisnudeln, Salat und Gurke auf Teller verteilen. Mit frischen Kräutern und Pinienkernen garnieren und mit Erdnusssauce beträufeln. Je Teller 1 EL Rote-Bete-Hummus dazugeben. Frisch genießen.

crack it

mungobohnencracker mit rote-bete-hummus

Ergibt 4 Portionen

Für die Mungobohnencracker

50 g Mungobohnen

50 g braune Linsen

Salz

20 g Leinsamen

20 g Sonnenblumenkerne

20 g Kürbiskerne

20 g heller Sesamsamen

20 g Mandelmehl

4 EL Sesame-Seed-Blend (s. S. 255)

1 EL Apfelessig

4 EL Wasser

Für den Rote-Bete-Hummus

2 Rote-Bete-Knollen

50 g Pinienkerne

400 g Kichererbsen (aus der Dose)

1 Knoblauchzehe

½ Bund Basilikum

Saft von 1 Zitrone

100 ml Olivenöl

Salz, Pfeffer

Für die Cracker die Mungobohnen und Linsen gut durchspülen und in je einem Topf mit Salzwasser nach Packungsanweisung gar kochen, abgießen und in eine Rührschüssel geben.

Den Backofen auf 180 °C Umluft vorheizen. Die restlichen Zutaten für die Cracker zu den gegarten Mungobohnen und Linsen geben und alles leicht zerstampfen, bis eine teigähnliche Konsistenz entsteht. Gegebenenfalls noch ein wenig Wasser hinzufügen.

Ein Backblech mit Backpapier auslegen, die Masse darauf verteilen und auf eine Dicke von 0,5–1 cm ausrollen oder festdrücken. Für 30–40 Minuten backen, anschließend gut auskühlen lassen und in grobe Stücke brechen oder schneiden.

Für den Rote-Bete-Hummus die Beten schälen und in Würfel schneiden. In eine Ofenform geben und für 45 Minuten im Backofen weich garen. In einer Pfanne die Pinienkerne anrösten, bis sie goldbraun sind. Die Kichererbsen waschen und den Knoblauch schälen. Basilikum waschen, trocken schütteln und die Blätter abzupfen. Die Rote Bete und die Pinienkerne zusammen mit den anderen Zutaten in einer Rührschüssel vermengen und pürieren. Mit Salz und Pfeffer würzen.

Den Rote-Bete-Hummus zusammen mit den Mungobohnencrackern anrichten und servieren.

Tipp: Mit Pinienkernen und etwas Dill vor dem Servieren garnieren.

volcano

grüner hummus mit gerösteter aubergine, walnüssen und petersilie

Ergibt 4 Portionen

Für den Hummus

800 g Kichererbsen (aus der Dose)

1 Bund Petersilie

½ Bund Koriander

2 EL helles Tahini

2 EL Olivenöl

4 EL Zitronensaft

200 ml Wasser

Salz, Pfeffer

Für die Aubergine

4 Auberginen

1 große Zwiebel

6 EL Olivenöl

Salz, Pfeffer

50 g Walnüsse

50 g Pinienkerne

2 EL Reissirup

1 Bund gemischte Kräuter (Minze, Petersilie, Koriander, Basilikum, Thymian etc.)

1 Knoblauchzehe

Saft und Abrieb von 1 unbehandelten Zitrone

Für den Hummus die Kichererbsen abgießen und gut durchspülen. Die Kräuter waschen, trocken schütteln, die Blätter abzupfen und grob hacken. Kräuter zusammen mit den Kichererbsen und den restlichen Zutaten in eine Schüssel geben und mit einem Pürierstab mixen. Dabei können ruhig Stücke zu sehen sein. Eventuell noch etwas Olivenöl oder Wasser hinzugeben, bis die gewünschte Konsistenz erreicht ist.

Für die Auberginen den Backofen auf 180 °C Umluft vorheizen. Die Auberginen waschen und in Würfel schneiden. Die Zwiebel schälen und ebenfalls in große Stücke schneiden. Auf ein Blech geben und 4 EL Olivenöl, Salz und Pfeffer mit den Händen einmassieren. Anschließend 30 Minuten goldbraun backen.

Die Walnüsse und Pinienkerne in einer Pfanne auf mittlerer Hitze wenige Minuten anrösten, von der Herdplatte nehmen, den Reissirup hinzugeben und durch die restliche Hitze karamellisieren lassen. Die Kräuter waschen und hacken. Etwas Petersilie zum Garnieren beiseitestellen. Den Knoblauch schälen und hacken und alles zusammen mit Zitronenabrieb und -saft und dem restlichen Olivenöl in einer Schüssel vermischen.

Den Hummus auf Teller geben. Die Auberginen und Zwiebel dazugeben und mit der Kräuter-/Nussmischung sowie der Petersilie garnieren.

Der grüne Hummus schmeckt super cremig und durch die frischen Kräuter Petersilie und Koriander zusätzlich sehr frisch und würzig.

the og

grüne falafel mit erbsen und zaziki

Ergibt 4 Portionen

Für das Zaziki

½ Gurke

1 Knoblauchzehe

250 g Sojajoghurt

2–3 EL Olivenöl

Salz, Pfeffer

Saft von ½ – 1 Zitrone

Für die Falafel

400 g Kichererbsen (aus der Dose)

200 g gefrorene Erbsen

1 TL gemahlener Kreuzkümmel

1 TL Koriander

Salz, Pfeffer

1 Bund frische Kräuter nach Belieben (z. B. Petersilie, Koriander oder Minze)

2 Knoblauchzehen

1 rote Zwiebel

6 EL Weizenmehl oder Dinkelmehl (Type 630)

1 TL Backpulver

4 EL Olivenöl

Pflanzenöl zum Anbraten

Für das Zaziki die Gurke waschen, halb schälen und grob raspeln. Den Knoblauch schälen und fein hacken. Zusammen mit dem Joghurt, Olivenöl und der Gurke in eine Schüssel geben. Mit Salz, Pfeffer und Zitronensaft abschmecken. Beiseitestellen und gut durchziehen lassen.

Für die Falafel alle Zutaten in einen Mixer geben und auf mittlerer Stufe pürieren, bis eine grobe und gut formbare Masse entsteht. Nicht zu lange pürieren, da die Masse sonst zu klebrig wird. Bei Bedarf noch etwas mehr Mehl hinzufügen.

Reichlich Öl in einer Pfanne erhitzen. Mit angefeuchteten Fingern runde Kugeln aus dem Teig formen und in der Pfanne frittieren. Alternativ können die Falafel-Bällchen auch mit Olivenöl bestrichen bei 180 °C Umluft für 30–40 Minuten im Backofen gebacken werden, bis sie goldbraun sind. Dabei die Bällchen zwischendurch vorsichtig wenden.

Falafel und Zaziki auf Teller verteilen.

Tipp: Zum Servieren ein Salatbett mit Zwiebelringen, bunten Tomaten, Gurke, Radieschen, Kräutern und Sprossen auf Tellern anrichen. Dazu passt auch hervorragend Rote-Bete-Hummus (s. S. 182).

back to the root

rote-bete-tatar mit zwiebelwürfeln und radieschen

Ergibt 4 Portionen

Für das Tatar

200 g braune Linsen

Olivenöl zum Andünsten

600 ml Wasser

Salz

2 rohe Rote-Bete-Knollen

1 rote Zwiebel

1 Granatapfel

1 Bund Radieschen

Für das Dressing

2 EL Apfelessig

4 EL Olivenöl

¼ TL Senfkörner

¼ TL frisch geriebene Muskatnuss

Salz, Pfeffer

Die Linsen in einem Sieb gut durchspülen. Einen Schuss Olivenöl in einem Topf erhitzen und die Linsen darin 3–5 Minuten andünsten. Mit dem Wasser und 1 Prise Salz aufschütten und nach Packungsbeilage gar kochen. Anschließend abschütten und beiseitestellen.

In der Zwischenzeit die Rote Bete und die Zwiebel schälen und in feine kleine Würfel schneiden. Den Granatapfel aufschneiden, die Kerne vorsichtig lösen und alles zusammen in eine große Schüssel geben. Die Radieschen waschen, putzen, in feine Scheiben schneiden und unterheben.

Alle Zutaten für das Dressing vermengen und über die Linsen träufeln. Alles gut vermischen, mit Salz und Pfeffer würzen und frisch servieren.

Tipp: Das Rote-Bete-Tatar passt sehr gut zu gebratenem Lachsfilet.

kapitel 6

pizza und pasta

aromatisch, knusprig, klassisch

how to

hausgemachte pizza

Ergibt 10 mittelgroße Pizzaböden

- 600 ml lauwarmes Wasser
- 5 g frische Hefe
- 1 EL brauner Zucker
- 750 g Weizenmehl (Type 550) + etwas für die Arbeitsfläche
- 250 g Hartweizengrieß + etwas für die Arbeitsfläche
- 2 TL Salz

In einer Schüssel das Wasser mit der Hefe und dem Zucker mischen und kurz ruhen lassen, bis sich die Hefe vollständig aufgelöst hat. Die Arbeitsfläche mit Mehl bestreuen und Mehl, Hartweizengrieß und Salz darauf häufen, vorsichtig mit einer Gabel vermengen und in der Mitte eine Mulde bilden.

Sobald sich die Hefe aufgelöst hat, die Mischung in die Mulde gießen und ganz vorsichtig nach und nach das Mehl vom Rand in die Flüssigkeit ziehen. Den anfangs noch klebrigen Teig mindestens 15 Minuten kneten und auf der Arbeitsfläche rollen, bis er schön glatt und elastisch ist. Anschließend mit einem feuchten Küchentuch abdecken und 2 Stunden gehen lassen.

Den durchgezogenen Teig in 10 gleichgroße Stücke teilen. Die Arbeitsfläche mit Mehl und etwas Grieß bestreuen. Die einzelnen Teigkugeln so dünn wie möglich (4 mm) ausrollen, dann wird die Pizza später schön knusprig.

Den Backofen rechtzeitig auf 250 °C Umluft vorheizen. Die Tomatensauce (s. S. 194) auf die Pizzaböden geben und nach Belieben belegen. Auf einem Pizzastein oder dem Backblech für 7–10 Minuten backen, bis die Pizzen goldbraun und knusprig sind.

classico

pizza mit fruchtiger tomatensauce und burrata

Ergibt 5 Pizzen

Für die Pizza

½ vorbereiteter Pizzateig (s. S. 192)

Für die Tomatensauce

1 Schalotte

2 Knoblauchzehen

1 Zweig Thymian

Olivenöl zum Anbraten

2 TL Zucker

700 g passierte Tomaten

Salz, Pfeffer

Für den Belag

5 Burrata-Kugeln

Salz, Pfeffer

200 g Kirschtomaten

Basilikumblätter

Für die Tomatensauce die Zwiebel und den Knoblauch schälen. Die Zwiebeln fein hacken, den Knoblauch in feine Scheiben schneiden. Thymian waschen und trocken schütteln. Das Olivenöl in einem Topf erhitzen und die Zwiebel und den Thymian darin andünsten. Den Knoblauch unterrühren und kurz mit anschwitzen. Den Zucker dazugeben, um Zwiebeln, Knoblauch und Thymian leicht zu karamellisieren. Mit den Tomaten ablöschen und die Sauce 10–15 Minuten köcheln lassen. Mit Salz und Pfeffer würzen. Den Thymianzweig herausnehmen, bevor die Sauce weiterverwendet wird.

In der Zwischenzeit den Backofen auf 250 °C Umluft vorheizen und die Pizzaböden ausrollen. Die Tomatensauce auf die Böden geben und für 7 Minuten goldbraun backen. Aus dem Ofen nehmen und in die Mitte jeder Pizza einen Burrata legen und einstechen. Mit Salz und Pfeffer würzen. Die Kirschtomaten waschen, halbieren und auf den Pizzen verteilen. Mit Basilikum garnieren.

rustica

pizza mit fenchel, zwiebelringen und radieschen

Ergibt 1 Pizzabelag

1 Radieschen

1 Scheibe Fenchel

¼ rote Zwiebel

100 g Mozzarella

4 EL Tomatensauce (s. S. 194)

Salz, Pfeffer

Die Zucchini, Radieschen und den Fenchel waschen und in dünne Scheiben schneiden. Die Zwiebel schälen und in Ringe schneiden. Den Mozzarella klein zupfen.

Den Backofen auf 250 °C Umluft vorheizen und den Pizzaboden (s. S. 192) ausrollen. Die Tomatensauce auf den Pizzateig streichen. Die Zwiebel, Radieschen und den Fenchel darauf verteilen und mit dem gezupften Mozzarella garnieren. Im Ofen ungefähr 7 Minuten backen. Mit Salz und Pfeffer würzen und frisch servieren.

verde

pizza mit grünem spargel, ricotta und würzigem thymian

Ergibt 1 Pizzabelag

Für den Spargel

250 g grüner Spargel

1 Knoblauchzehe

4 EL Olivenöl

Salz, Pfeffer

Für den Belag

2 eingelegte Tomaten

4 EL Tomatensauce (s. S. 194)

2 EL Ricotta

2 Stängel Thymian

Den grünen Spargel waschen, die holzigen Enden abschneiden und in 5 cm lange Stücke schneiden. Den Knoblauch schälen und in feine Scheiben schneiden. In einer Schüssel das Olivenöl mit Knoblauch und grünem Spargel vermengen. Mit Salz und Pfeffer würzen, gut durchmischen und 30 Minuten ziehen lassen.

Die eingelegten Tomaten abtropfen lassen und in Stücke schneiden. Den Backofen auf 250 °C Umluft vorheizen und den Pizzaboden (s. S. 192) ausrollen. Den Pizzateig mit Tomatensauce bestreichen. Mit 4 Stangen mariniertem Spargel und den Tomaten belegen. Den Ricotta portionsweise auf der Pizza verteilen und mit Thymian garnieren. Im Ofen ungefähr 7 Minuten backen.

di bosco

pizza mit waldpilzen und frischen kräutern

Ergibt 1 Pizzabelag

1 Kräuterseitling
4 kleine Champignons
¼ Bund frische Kräuter (Salbei, Thymian, Rosmarin)
4 EL Tomatensauce (s. S. 194)
Olivenöl
Salz, Pfeffer

Die Pilze putzen und in Scheiben schneiden. Die Kräuter waschen, trocken schütteln und die Blätter abzupfen.

Den Backofen auf 250 °C Umluft vorheizen und den Pizzaboden (s. S. 192) ausrollen. Den Pizzaboden mit der Tomatensauce bestreichen, die Pilze und Kräuter darauf verteilen und im Ofen ungefähr 7 Minuten backen. Vor dem Servieren mit Olivenöl beträufeln und mit Salz und Pfeffer würzen.

Tipp: Besonders lecker schmecken auch ein paar Tropfen Trüffelöl auf der Pilzpizza.

basilicus

pizza mit grünem pesto, artischocken und knackigem rucola

Ergibt 1 Pizzabelag

Für das Pesto
30 g Pinienkerne
50 g Parmesan
1 Knoblauchzehe
50 ml Olivenöl
½ Bund Basilikum
Salz, Pfeffer

Zum Servieren
2 eingelegte Artischockenherzen
2 EL Pesto
1 Handvoll Rucola

Für das Pesto die Pinienkerne in einer Pfanne goldbraun rösten, den Parmesan reiben und den Knoblauch schälen. Zusammen mit dem Olivenöl und dem Basilikum in einem Mörser zerstoßen oder in einem Mixer zu einem glatten Pesto verarbeiten. Mit Salz und Pfeffer abschmecken.

Den Backofen auf 250 °C Umluft vorheizen und den Pizzaboden (s. S. 192) ausrollen. Das frische Pesto auf den Pizzaboden streichen. Die Artischockenherzen abtropfen lassen, vierteln und darauf verteilen. Im Ofen ungefähr 7 Minuten backen. Mit frischem Rucola garnieren.

lake breeze

pizza mit sardellen, kapern und spritzigem zitronenöl

Ergibt 1 Pizzabelag

Für das Zitronenöl

¼ Bund Petersilie

4 EL Olivenöl

Saft und Abrieb von ½ unbehandelten Zitrone

Salz, Pfeffer

Für den Belag

¼ Zwiebel

100 g Mozzarella

1 TL Kapern

4 eingelegte Sardellenfilets

4 EL Tomatensauce (s. S. 194)

2 EL Zitronenöl (s. oben)

Die Petersilie waschen, trocken schütteln, die Blätter abzupfen und klein hacken. Für das Zitronenöl Olivenöl, Zitronensaft- und abrieb und Petersilie in einer Schale vermengen. Mit Salz und Pfeffer würzen.

Die Zwiebel schälen und in Ringe schneiden, den Mozzarella klein zupfen. Die Kapern abspülen.

Den Backofen auf 250 °C Umluft vorheizen und den Pizzaboden (s. S. 192) ausrollen. Die Tomatensauce auf dem Pizzateig verteilen, die Sardellenfilets einzeln auf die Pizza legen. Kapern, Zwiebeln und Mozzarella dazugeben. Im Ofen ungefähr 7 Minuten backen. Vor dem Servieren das Zitronenöl über die Pizza träufeln.

how to

hausgemachte pasta

Ergibt 4–6 Portionen, ca. 700 g

600 g Weizenmehl (am besten Type 00, alternativ Type 405)

1 Prise Salz

6 Eier

Hausgemachte Pasta ist eine Kunst für sich. Hat man einmal einen schönen, elastischen Teig, kann man ihn auf unzählige Arten ausrollen, schneiden oder formen. Auch mit Farbe und Aroma kann man hier spielen. Zum Beispiel können frische Kräuter in den Teig eingearbeitet werden. Dafür nach dem Ausrollen des Teigs Kräuter auf den Nudelplatten verteilen, eine weitere Nudelplatte auflegen und nochmal mit einem Nudelholz oder einer Nudelmaschine ausrollen. Anschließend in längliche Bandnudeln schneiden. Man kann ebenso grob gemahlenen Pfeffer für eine leckere Pfefferpasta einarbeiten oder Farbstoffe von Roter Bete oder Spinat. Für den Grundteig benötigt man sehr feines Mehl, daher eignet sich der Type 00 sehr gut. Ist dieser nicht vorhanden, kann man aber auch ohne Probleme Type 405 Weizenmehl verwenden. Besonders lecker schmeckt die hausgemachte Pasta, wenn man sie nach dem Zubereiten direkt kocht. Wenn noch etwas Pastateig übrig bleibt, kann dieser für mehrere Tage aufbewahrt und zu einem späteren Zeitpunkt zubereitet werden.

Das Mehl mit dem Salz mischen, auf einer Arbeitsfläche häufen und eine Mulde in die Mitte drücken, die Eier darin aufschlagen und mit einer Gabel verquirlen. Dabei nach und nach das umgebene Mehl mit einarbeiten, bis ein klebriger Teig entsteht. Nun mit bemehlten Händen weiterkneten, bis ein glatter, elastischer Teig entsteht. Diesen mit Frischhaltefolie einwickeln und vor dem Ausrollen und Weiterverarbeiten etwa ½ Stunde kalt stellen. Anschließend auf einer bemehlten Arbeitsfläche mit einem Nudelholz oder einer Nudelmaschine ausrollen. Mit einem Messer in die gewünschte Form schneiden. Die Pasta in einem Topf mit Salzwasser je nach Dicke 3–8 Minuten al dente kochen. Anschließend das Wasser abschütten und servieren.

pasta basta

pasta mit klassischer roter tomatensauce und zucchini

Ergibt 4 Portionen

1–2 Knoblauchzehen

8 große Tomaten (z. B. Ochsenherztomaten)

2 Zucchini

6 EL Olivenöl

1 EL Tomatenmark

1 Prise Zucker

Salz, Pfeffer

1 Prise Chiliflocken

500 g Pasta (s. S. 203), z. B. Spaghetti

Den Knoblauch schälen und klein hacken, die Tomaten sowie die Zucchini waschen und in Scheiben oder Würfel schneiden.

In einer Pfanne 4 EL Olivenöl erhitzen und den Knoblauch darin andünsten, bis er glasig ist. Das Tomatenmark hinzugeben, kurz mit andünsten und anschließend die Tomaten unterrühren. 1 Prise Zucker hinzufügen, mit Salz, Pfeffer und Chiliflocken würzen und 10–15 Minuten köcheln lassen, bis eine fruchtige, aromatische Sauce entsteht.

Die Pasta in einem Topf mit kochendem Salzwasser al dente kochen. Vor dem Abgießen einen Teil des Wassers (ungefähr eine Kelle) auffangen und zu der Sauce geben. Die Pasta mit unterrühren, abschmecken und ziehen lassen.

In einer separaten Pfanne 2 EL Olivenöl erhitzen und die Zucchini darin kurz scharf anbraten.

Die Pasta in Schalen anrichten, mit den Zucchiniwürfeln garnieren und nach Belieben noch etwas Olivenöl über jede Portion träufeln.

Tipp: Mit etwas frischem Basilikum garnieren.

olive

rigatoni in aromatischem oliven-tomatensud

Ergibt 4 Portionen

1 rote Zwiebel

1 Chilischote

300 g Kirschtomaten

100 g Kalamata-Oliven

6 EL Olivenöl

1 EL Tomatenmark

500 g passierte Tomaten

Salz, Pfeffer

500 g Pasta, z. B. Rigatoni

Die Kalamata-Oliven haben einen besonderen Eigengeschmack, die dem Gericht das besondere Etwas geben. Ein Gericht mit wenig Aufwand, was jedoch sehr viel hermacht!

Die Zwiebeln schälen und würfeln, die Chilischote entkernen und in feine Streifen schneiden. Die Kirschtomaten waschen und halbieren, die Oliven in Scheiben schneiden.

In einer Pfanne 4 EL Olivenöl erhitzen, Zwiebel und Chili darin andünsten. Das Tomatenmark dazugeben, die Kirschtomaten und Oliven untermischen und mit den Tomaten ablöschen. Die Sauce bei niedriger Temperatur köcheln lassen. In der Zwischenzeit die Rigatoni in einem Topf mit kochendem Salzwasser al dente kochen. Vor dem Abgießen einen Teil des Wassers (ungefähr eine Kelle) auffangen und zu der Sauce geben. Die Pasta abgießen, unterrühren und gegebenenfalls mit Salz und Pfeffer abschmecken.

Auf Teller verteilen, mit dem restlichen Olivenöl beträufeln und servieren.

no meat club

linguine mit linsenbolognese

Ergibt 4–6 Portionen

400 g rote Linsen

2 Knoblauchzehen

2 Schalotten

2 Stangen Staudensellerie

2 Möhren

1 Zweig Rosmarin

1 Zweig Thymian

4 EL Olivenöl + etwas zum Beträufeln

4 Lorbeerblätter

300 ml Rotwein

1 EL Tomatenmark

1,5 kg passierte Tomaten

200 ml Wasser

Salz, Pfeffer

500 g Pasta (s. S. 203), z. B. Linguine

Die Linsen sorgfältig waschen, bis keine Bläschen mehr im Sieb entstehen, abtropfen lassen und beiseitestellen. Knoblauch und Schalotten schälen und fein hacken. Sellerie putzen, Möhren schälen und beides klein schneiden. Die Kräuter waschen und trocken schütteln.

Das Olivenöl in einem großen Schmortopf erhitzen. Schalotten, Knoblauch und Sellerie sanft darin andünsten, bis sie glasig sind. Die Linsen mit den Möhren, den Lorbeerblättern und den frischen Kräutern in den Topf geben und mit anbraten. Mit Rotwein ablöschen. Umrühren, bis der Alkohol verdampft ist und die Flüssigkeit auf die Hälfte eingekocht ist. Tomatenmark und Tomaten hinzufügen, kurz aufkochen lassen und anschließend bei niedriger Hitze im verschlossenen Topf 30 Minuten köcheln lassen, bis die Linsen gar sind. Dabei immer mal wieder umrühren. Gegebenenfalls Wasser dazugeben, wenn die Sauce zu dick wird. Mit Salz und frischem Pfeffer würzen.

Die Linguine in einem Topf mit kochendem Salzwasser al dente kochen, abgießen und unter die Sauce mischen. Die Lorbeerblätter und die Kräuterzweige herausnehmen.

Auf Tellern verteilen, mit Olivenöl beträufeln und noch warm servieren.

red red wine

pappardelle in schalotten-rotwein-sud

Ergibt 4 Portionen

8 Schalotten

4 mittelgroße Möhren

Fenchelgrün von 1 Fenchel

2 Zweige Thymian

2 Zweige Rosmarin

1 Stängel Oregano

2 EL Olivenöl

1 EL Margarine

1 EL Honig (oder Agavendicksaft)

300 ml trockener Rotwein

Salz, Pfeffer

½ TL Kardamompulver

500 g Pasta (s. S. 203), z. B. Pappardelle

Schalotten und Möhren schälen. Schalotten ganz lassen und die Möhren in dünne Scheiben schneiden. Das Fenchelgrün waschen und grob hacken. Die Kräuter waschen und trocken schütteln.

In einem Topf Olivenöl und Margarine erhitzen und die Schalotten zusammen mit den frischen Kräutern darin anschwitzen. Die Möhren dazugeben, mit dem Honig beträufeln und karamellisieren lassen. Das Fenchelgrün unterrühren, alles mit Rotwein ablöschen und auf niedriger Hitze köcheln lassen, bis das Gemüse gar ist. Mit Salz, Pfeffer und Kardamompulver würzen.

Die Pasta in einem Topf mit kochendem Salzwasser al dente kochen. Die fertige Pasta in den Rotweinsud geben, umrühren und kurz ziehen lassen.

Auf Teller aufteilen und heiß servieren.

cauliflower power

spaghetti in cremiger blumenkohl-pilz-sauce

Ergibt 4 Portionen

1 kleiner Blumenkohl

Salz

2 Zwiebeln

2 Knoblauchzehen

250 g gemischte Pilze (z. B. Champignons, Kräuterseitlinge, Shiitake)

1 Handvoll frische Kräuter nach Belieben (z. B. Schnittlauch, Petersilie, Thymian)

Rapsöl zum Anbraten

200 ml Sojasahne

Pfeffer

1 TL frisch geriebene Muskatnuss

500 g Dinkelspaghetti

Zum Servieren

Thymian

Salbei

Walnüsse

Den Blumenkohl in Röschen teilen und in einem Topf mit reichlich kochendem Salzwasser bissfest kochen, danach abgießen und beiseitestellen.

Die Zwiebeln und den Knoblauch schälen und fein würfeln. Die Pilze putzen und in Scheiben schneiden, die Kräuter waschen, trocken schütteln, die Blätter abzupfen und hacken. In einer großen Pfanne 2 EL Rapsöl erhitzen und die Zwiebeln darin andünsten. Knoblauch und Pilze dazugeben und 10 Minuten anbraten, bis die Pilze an Wasser verloren haben. Die vorgegarten Blumenkohlröschen unterrühren. Mit Sojasahne ablöschen und einköcheln lassen.

In der Zwischenzeit die Spaghetti in einem Topf mit kochendem Salzwasser al dente kochen. Abgießen und zu der Sauce geben. Die Kräuter mit unterrühren und alles kurz ziehen lassen.

Mit Salz, Pfeffer und Muskatnuss würzen. Thymian und Salbei zum Servieren waschen, trocken schütteln und die Blätter abzupfen. Die Spaghetti auf Teller aufteilen, mit den frischen Kräutern und Walnüssen garnieren und warm genießen.

summer refresh

pasta in knoblauchöl mit grünem gemüse

Ergibt 4 Portionen

500 g Pasta (s. S. 203), z. B. Spaghetti

Salz

3 Knoblauchzehen

1 grüne Chili

½ Bund Petersilie

2 Zucchini

2 Frühlingszwiebeln

200 g gefrorene Erbsen

200 g Zuckerschoten

Olivenöl

Pfeffer

Saft von ½ Zitrone

Die Spaghetti in einem Topf mit kochendem Salzwasser al dente kochen.

In der Zwischenzeit den Knoblauch schälen und in dünne Scheiben schneiden, die Chili und die Petersilie waschen und ebenfalls fein hacken. Die Zucchini und Frühlingszwiebeln waschen und in feine Scheiben schneiden. Die Zuckerschoten waschen und putzen. Einen Schuss Olivenöl in einer Pfanne erhitzen und die Zucchini darin anbraten. Erbsen, Zuckerschoten und Frühlingszwiebeln dazugeben und mit andünsten, anschließend vom Herd nehmen.

In einer weiteren Pfanne einen ordentlichen Schuss Olivenöl erhitzen. Den Knoblauch und die Chili hinzugeben und auf niedriger Temperatur 3 Minuten warm werden lassen. Dabei aufpassen, dass der Knoblauch nicht zu dunkel wird.

Die gekochten Spaghetti in dem Knoblauchöl wenden, das angebratene Gemüse unterrühren.

Mit Salz und Pfeffer würzen, mit Zitronensaft abschmecken und der gehackten Petersilie garnieren.

Tipp: Mit etwas frischem Basilikum garnieren.

lax pasta

pasta mit lachs, erbsen, spinat und dill

Ergibt 4 Portionen

2 Knoblauchzehen

125 g Blattspinat

½ Bund Dill

300 g gefrorene Erbsen

Olivenöl zum Anbraten

500 g frischer Lachs

150 ml trockener Weißwein

250 ml Sojasahne

500 g Pasta (s. S. 203), z. B. Linguine

Salz, Pfeffer

Saft von ½ Zitrone

Für die Sauce den Knoblauch schälen und klein hacken. Den Spinat und den Dill waschen, trocken schleudern oder schütteln und den Dill grob hacken. Die Erbsen in einer Schale bereitstellen.

Das Olivenöl in einer Pfanne auf mittlerer Temperatur erhitzen. Den Lachs in Würfel schneiden, in die Pfanne geben und anbraten, bis er zartrosa ist. Den Knoblauch dazugeben und mit andünsten, bis er glasig ist. Anschließend den frischen Spinat zu dem Lachs geben und mit geschlossenem Deckel wenige Minuten dünsten. Sobald der Spinat eingefallen ist, alles mit Weißwein ablöschen. Erbsen und Sojasahne hinzufügen und köcheln lassen.

Die Pasta in einem Topf mit Salzwasser al dente kochen. Anschließend zu der Sauce geben und unterrühren. Mit Salz und Pfeffer würzen und mit Zitronensaft abschmecken.

Auf Teller verteilen, mit frischem Dill garnieren und servieren.

at the seaside

spaghetti mit frischen venusmuscheln

Ergibt 4 Portionen

1 kg frische Venusmuscheln

1 Zwiebel

4 Knoblauchzehen

1 Bund Petersilie

1 rote Chilischote

Olivenöl zum Anbraten

Saft von 2 Zitronen

2 Zitronenscheiben

250 ml Weißwein

500 g Spaghetti (s. S. 203), z. B. Spaghetti

Salz, Pfeffer

Die Muscheln gründlich unter kaltem Wasser abspülen und mit einem Messer den Schmutz entfernen. Bereits geöffnete Muscheln aussortieren.

Die Zwiebel und die Knoblauchzehen schälen und fein hacken. Die Petersilie waschen, trocken schütteln, die Blätter abzupfen und ebenfalls grob hacken. Die Chilischote entkernen (optional) und in feine Streifen schneiden. In einer Pfanne reichlich Olivenöl erhitzen, Zwiebeln, Knoblauch, die Hälfte der Petersilie, Zitronensaft und die Zitronenscheiben dazugeben und andünsten. Mit Weißwein ablöschen. Anschließend die durchgespülten Muscheln unterrühren und 8–10 Minuten mit geschlossenem Deckel köcheln lassen.

In der Zwischenzeit die Spaghetti in einem Topf mit Salzwasser al dente kochen.

Sobald sich alle Muscheln geöffnet haben (geschlossene Muscheln unbedingt aussortieren), die Spaghetti untermischen. Alles gut vermengen und noch etwa 2 Minuten garen. Zum Schluss die restliche Petersilie untermischen und mit reichlich Pfeffer würzen.

Tipp: Zu diesem Gericht passt ein trockener Weißwein und knuspriges Brot oder Baguette, um den leckeren Sud aufzusaugen.

surf, no turf

spaghetti mit garnelen und tomaten

Ergibt 4 Portionen

500 g Pasta (s. S. 203), z. B. Spaghetti

Salz

2 Knoblauchzehen

2 Tomaten (z. B. Ochsenherztomaten)

1 kg ungeschälte Garnelen

Olivenöl zum Anbraten

150 ml trockener Weißwein

20 g Margarine

Salz, Pfeffer

Die Pasta in einem Topf mit kochendem Salzwasser al dente kochen. Vor dem Abgießen einen Teil des Wassers (ungefähr eine Kelle) auffangen und beiseitestellen.

Den Knoblauch schälen und in feine Scheiben schneiden. Die Tomaten waschen, Stielansätze ausschneiden und würfeln. Die Garnelen unter kaltem Wasser abspülen. Reichlich Olivenöl in einer Pfanne erhitzen und die ungeschälten Garnelen 5–10 Minuten darin anbraten. Den Knoblauch dazugeben und mit andünsten. Mit Weißwein ablöschen. Umrühren, bis der Alkohol verflogen und die Flüssigkeit auf die Hälfte eingekocht ist.

Nach und nach das abgeschöpfte Kochwasser dazugeben und köcheln lassen. Die Spaghetti unterrühren, einen Stich Margarine dazugeben und mit Salz und Pfeffer würzen.

Vom Herd nehmen und einige Minuten ziehen lassen. Vor dem Servieren die Tomaten unterrühren.

kapitel 7

fisch und meeresfrüchte

salzig, leicht, wohltuend

whole fish

frische dorade mit petersilie und chili

Ergibt 4 Portionen

4 bereits ausgenommene, frische Doraden

2 rote Chilischoten

1 Bund Petersilie

2 Knoblauchzehen

4 EL Olivenöl

Saft von 1 Zitrone

Salz, Pfeffer

Den Ofen auf 180 °C Umluft vorheizen.

Die Fische mit kaltem Wasser abspülen und zum Abtropfen auf Küchenpapier legen. Die Chilischoten waschen, entkernen und in feine Scheiben schneiden. Die Petersilie waschen, trocken schütteln und die Blätter abzupfen. Den Knoblauch schälen und in feine Scheiben schneiden.

Die Doraden vorsichtig öffnen und mit Petersilie, Chili und Knoblauch füllen. In eine ofenfeste Form legen, mit Olivenöl und Zitronensaft bestreichen und mit Salz und Pfeffer würzen.

Die Form in den Ofen geben und die Fische 25–30 Minuten garen lassen. Mit Gemüse oder Salat servieren.

chicken of the sea

thunfischsteak im sesammantel mit quinoa, salat und grüner salsa

Ergibt 4 Portionen

Für den Salat

250 g bunte Quinoa

300 g gemischter Salat

Für die Salsa

1 Zwiebel

1 Knoblauchzehe

¼ Gurke

1 Bund Koriander

½ Bund Petersilie

4 Stängel Basilikum

1 grüne Jalapeño

2 EL Reisessig

4 EL Olivenöl

Salz, Pfeffer

Für den Thunfisch

1 Knoblauchzehe

2 cm Ingwer

1 TL milde rote Thai-Currypasta (glutenfrei)

1 TL Sesamöl

2 EL flüssiger Honig

3 EL Tamari-Sojasauce

500 g frische Thunfischsteaks (4 Stück)

3 EL Kokosöl

Die Quinoa nach Packungsanleitung gar kochen. Den Salat waschen, trocken schleudern und beides beiseitestellen.

Für die Salsa die Zwiebel und den Knoblauch schälen, fein hacken und in eine Schüssel geben. Die Gurke waschen, halb schälen und in feine Würfel schneiden. Die Kräuter waschen, trocken schütteln, die Blätter von den Stängeln zupfen und klein hacken. Jalapeño entkernen und in feine Ringe schneiden. Gurke, Kräuter und Jalapeño in die Schüssel geben. Essig und Öl untermischen und mit Salz und Pfeffer abschmecken.

Für den Thunfisch den Knoblauch und Ingwer schälen und fein hacken. Zusammen mit der Currypaste, dem Sesamöl, Honig und der Sojasauce in einer Schale vermengen und gut verrühren, bis sich der Honig aufgelöst hat. Die Thunfischsteaks in der Marinade einlegen.

Das Kokosöl in einer Pfanne auf hoher Temperatur erhitzen. Die Thunfischsteaks in die Pfanne geben und von jeder Seite 1–2 Minuten (je nach Dicke der Steaks) scharf anbraten. Der Thunfisch sollte von innen noch rosa sein.

Quinoa und Salat auf Tellern verteilen, den Thunfisch und die Salsa dazugeben und frisch servieren.

vitamin sea

muscheln in gemüse-weißwein-sud

Ergibt 4 Portionen

- 4 kg Miesmuscheln
- 2 Schalotten
- 1 Bund Suppengrün
- 2 Stangen Lauch
- ½ Bund Petersilie
- 4 EL Olivenöl
- 300 ml Weißwein
- 200 ml Gemüsebrühe
- Salz, Pfeffer

Die Muscheln unter Wasser abspülen und die Muschelbärte entfernen. In eine Schüssel mit Wasser geben und 20 Minuten ziehen lassen.

In der Zwischenzeit die Schalotten, das Suppengrün und den Lauch waschen und schälen. Das Gemüse in grobe Stücke schneiden. Die Petersilie waschen und hacken.

Das Olivenöl in einem großen Topf erhitzen. Die Schalotten darin anschwitzen, bis sie glasig sind. Das Gemüse kurz mit anschwitzen und die Petersilie unterrühren. Mit Weißwein und Gemüsebrühe ablöschen und bei geschlossenem Deckel 10 Minuten köcheln lassen. Mit Salz und Pfeffer würzen.

Die Muscheln gut abspülen, abtropfen lassen und in den Topf geben. 10 Minuten garen lassen, bis sie sich öffnen. Noch geschlossene Muscheln unbedingt aussortieren. Auf Teller verteilen und servieren.

Tipp: Frisches Brot (s. S. 43) passt ideal dazu, um den leckeren Weißwein-Sud aufzunehmen.

mexican night

fisch-tacos

Ergibt 4 Portionen

Für die Tacos

300 g Maismehl (Masa Harina)

200–250 ml Wasser (Raumtemperatur)

Das Maismehl in eine große Schüssel geben und in der Mitte eine Mulde formen. 100 ml Wasser hineingießen und das Maismehl einarbeiten. In zwei weiteren Schritten jeweils 50 ml Wasser zum Teig geben und kneten, bis er sich geschmeidig und elastisch anfühlt. Kleine Portionen des Teiges abnehmen und daraus golfballgroße Kugeln formen. Die Kugeln in ein feuchtes Küchentuch einwickeln, da der Teig sehr schnell austrocknet. Ein Brett mit Backpapier auslegen und die Kugel darauf in 2 mm dünne Tacos ausrollen. Alternativ können die Teigkugeln zwischen zwei Holzbrettern oder in einer Tacopresse gepresst werden. Eine Pfanne auf mittlerer Hitze erwärmen. Die Tacos beidseitig ungefähr 30 Sekunden auf mittlerer bis hoher Temperatur ausbacken, auf einem Teller sammeln und bis zum Servieren abdecken, damit sie warm bleiben.

Tipp: Geschnittener Spitzkohl, frische Korianderblätter, Limettenspalten und Chilisauce ergänzen die Tacos wunderbar. Der Fisch lässt sich ganz einfach durch Garnelen oder Tofu austauschen.

Für die Mangosalsa

1 reife Mango

1 rote Chilischote

½ Bund Koriander

Saft und Abrieb von ½ unbehandelten Limette

1 EL Sesamöl

Für die eingelegten Radieschen

150 g Radieschen

90 ml Wasser

90 ml Apfelessig

25 g Zucker

1 TL feines Salz

½ TL Senfsamen

½ TL Koriandersamen

Für die Avocadocreme

2 reife Avocados

¼ Bund Koriander

2 EL Kokosjoghurt

Salz, Pfeffer

Saft von ½ Limette

Für den Fisch

2 EL Olivenöl

250 g weißes Fischfilet (z. B. Kabeljau, Dorade)

½ TL Koriandersamen

Salz, Pfeffer

Saft von ½ Limette

Die Mango schälen und in feine kleine Würfel schneiden. Die Chilischote entkernen (optional) und in feine Streifen schneiden. Den Koriander waschen, trocken schütteln, die Blätter abzupfen und hacken. Alle Zutaten in eine Schale geben und vermengen.

Die Radieschen in dünne Scheiben schneiden und in ein steriles Einmachglas (mind. 250 ml) füllen. In einem Topf das Wasser mit Essig, Zucker, Salz, Senf- und Koriandersamen erhitzen. Die Flüssigkeit sollte heiß sein aber nicht kochen. Solange rühren, bis sich der Zucker aufgelöst hat. Die Flüssigkeit zu den Radieschen in das Glas füllen, die Radieschen mit einer Gabel oder einem Löffel nach unten drücken und mit einem Deckel gut verschließen. Bei Zimmertemperatur stehen lassen, bis das Glas abgekühlt ist. Anschließend können die Radieschen im Kühlschrank bis zu 2 Wochen aufbewahrt werden.

Die Avocados schälen, halbieren und entsteinen. Den Koriander waschen, trocken schütteln und die Blätter abzupfen. Avocados, Koriander und Kokosjoghurt in eine Schüssel geben, mit dem Pürierstab mixen oder mit einer Gabel zerdrücken. Mit Salz und Pfeffer würzen und mit Limettensaft abschmecken.

Für den Fisch das Olivenöl in einer Pfanne erhitzen. Das Fischfilet von beiden Seiten anbraten und mit Koriandersamen, Salz und Pfeffer würzen. Einige Spritzer Limettensaft über den Fisch träufeln. In kleine Stücke zerlegen und in einer Schale zu den anderen Zutaten auf den Tisch geben.

Zum Servieren die hausgemachten Tacos, die Mangosalsa, Avocadocreme, Radieschen und den Fisch auf einem Tisch anrichten.

ocean air

lachsbratling mit zitronenjoghurt

Ergibt 4 Portionen

Für die Lachsbratlinge

500 g Lachsfilet

1 rote Chilischote

4 Frühlingszwiebeln

1 Bund Koriander

2 EL Sesamöl

Saft von 1–2 Limetten

Salz, Pfeffer

8 EL Weizenmehl

4 EL Olivenöl

Für den Zitronenjoghurt

1 Knoblauchzehe

300 g Sojajoghurt

Saft und Abrieb von 1 unbehandelten Zitrone

1 EL Olivenöl

Salz, Pfeffer

Das Lachsfilet waschen und in Würfel schneiden. Die Chilischote und die Frühlingszwiebeln waschen und putzen. Den Koriander waschen, trocken schütteln, die Blätter abzupfen und fein hacken. Die Chilischote entkernen (optional) und in feine Streifen schneiden. Die Frühlingszwiebeln in Ringe schneiden. Alles in eine Schüssel geben. Das Sesamöl, den Limettensaft, Salz und Pfeffer dazugeben. Die Masse mit einem Stabmixer kurz pürieren, sodass sie noch etwas Textur behält. Das Mehl dazugeben und aus der Masse Bratlinge formen.

Das Olivenöl in einer Pfanne erhitzen und die Bratlinge darin 10–15 Minuten braten. Anschließend auf einem Teller mit Küchenpapier abtropfen lassen.

Für den Zitronenjoghurt den Knoblauch schälen und fein hacken. Den Joghurt, den Zitronensaft und -abrieb, den Knoblauch und das Olivenöl in einer Schale vermengen. Mit Salz und Pfeffer abschmecken.

Die Lachsbratlinge auf Teller verteilen, mit einem frischen Salat und dem Zitronenjoghurt servieren und frisch genießen.

Tipp: Als Beilage zu den Lachsbratlingen und dem Zitronenjoghurt passen sehr gut frisch gebackene Kartoffelspalten.

gamba samba

feurige gamba-spieße in kräutermarinade vom grill

Ergibt 4 Portionen

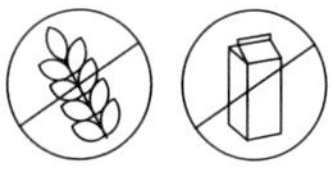

500 g Gambas

2 Knoblauchzehen

1 Chilischote

einige Stängel Minze und Koriander

2 EL Olivenöl

2 EL Sesamöl

Saft von 2 Limetten

Salz, Pfeffer

Zum Servieren

Limettenspalten

Die Gambas unter kaltem Wasser abspülen, trocken tupfen und beiseitestellen. Die Holzspieße in einem Glas mit Wasser ziehen lassen, so verbrennen sie nicht so schnell auf dem Grill.

Für die Marinade den Knoblauch schälen und klein hacken. Die Chilischote halbieren, entkernen und in feine Streifen schneiden. Die Minze und den Koriander waschen, trocken schütteln, die Blätter abzupfen und fein hacken. Das Oliven- und Sesamöl in einer Schale vermengen. Den Limettensaft, Knoblauch, die Chilischote und die frischen Kräuter unterrühren und mit Salz und Pfeffer würzen.

Die Gambas in die Marinade legen und 30 Minuten ziehen lassen. Anschließend auf die Grillspieße ziehen. Den Grillrost mit Olivenöl bestreichen. Die Gambas von beiden Seiten 2–4 Minuten grillen und mit der restlichen Marinade bestreichen.

Auf einem Teller anrichten, mit Limettenspalten servieren und frisch genießen.

orangen lax

gegrillter lachs mit orangenmarinade

Ergibt 4 Portionen

500 g frisches Lachsfilet

Für das Dressing

1 Knoblauchzehe

Abrieb von 1 unbehandelten Orange

Saft und Abrieb von 1 unbehandelten Zitrone

2 EL Olivenöl

1 TL Chiliflocken

Den Lachs unter kaltem Wasser abspülen, trocken tupfen und in eine Auflaufform oder Grillschale legen.

Den Backofen auf 180 °C Umluft vorheizen. Den Knoblauch schälen und in feine Scheiben schneiden. Orangen- und Zitronenabrieb mit Zitronensaft, Knoblauch und Olivenöl in einer Schüssel vermengen. Die Marinade gleichmäßig auf dem Fisch verteilen. Nach Belieben Chiliflocken hinzufügen.

Für 20–25 Minuten im Ofen garen oder 10 Minuten auf den Grill legen, bis der Lachs zartrosa ist.

burning man

scharfe lachs-bowl mit knusprigem reis und grünkohl

Ergibt 4 Portionen

250 g Basmatireis

2 EL Rapsöl

1 EL Reisessig

500 g Lachs

6 Stängel frischer Grünkohl

2 EL Olivenöl

Salz, Pfeffer

2 Frühlingszwiebeln

2 EL Sesamsamen

Für die Marinade

1 Knoblauchzehe

1 EL Sriracha-Sauce

1 EL Tamari-Sojasauce

2 EL Olivenöl

Saft von 1 Limette

1 EL Agavendicksaft

1 TL Dijon-Senf

½ TL gemahlener Kreuzkümmel

Für das Dressing

3 EL helles Tahini

3 EL Wasser

1 EL Sriracha-Sauce

½ TL Cayennepfeffer

½ TL Paprikapulver

Tipp: Für die Bowl kann auch auf gekochten Reis vom Vortag zurückgegriffen werden.

Den Reis nach Packungsanweisung garen und anschließend in einer großen Pfanne in Rapsöl bei mittlerer Temperatur knusprig anbraten. Nach ca. 5 Minuten den Reisessig untermischen und anbraten, bis der Reis braun und knusprig ist.

Den Backofen auf 180 °C Umluft vorheizen. Für die Marinade den Knoblauch schälen und fein hacken. Alle Zutaten für die Marinade in einer Schale vermengen. Den Lachs abspülen, trocken tupfen und in mundgerechte Stücke schneiden. Die Stücke in die Marinade legen und in einer Auflaufform für ca. 25–30 Minuten backen.

In der Zwischenzeit den Grünkohl waschen und die harten Stängel entfernen. Den Grünkohl in eine große Schüssel geben, Olivenöl, Salz und Pfeffer hinzufügen und mit den Händen in den Grünkohl einmassieren. Die Hälfte des Grünkohls auf ein mit Backpapier ausgelegtes Blech geben und für ca. 10 Minuten im Ofen knusprig backen.

Die Zutaten für das Dressing miteinander verrühren. Die Frühlingszwiebeln waschen, putzen und in feine Ringe schneiden.

Den Reis mit frischem und gebackenem Grünkohl auf Tellern anrichten, die Lachsfilets darauf verteilen und mit Sesamsamen und Frühlingszwiebeln toppen.

mediterranean mind

kartoffelsalat mit angebratenem tintenfisch

Ergibt 4 Portionen

10 festkochende Kartoffeln

Salz

500 g vorgekochter, frischer Oktopus

6 EL Olivenöl

2 EL Weißwein + etwas zum Ablöschen

1 Zweig Rosmarin

Pfeffer

Die Kartoffeln schälen, in kleine Würfel schneiden und in einem Topf mit reichlich kochendem Salzwasser bissfest garen.

In der Zwischenzeit den Oktopus unter kaltem Wasser abspülen, trocken tupfen und in mundgerechte Stücke schneiden. 4 EL Olivenöl in einer großen Pfanne erhitzen und den Oktopus darin braten, bis er von außen leicht knusprig ist. Mit Weißwein ablöschen, köcheln lassen, bis der Alkohol verflogen und die Flüssigkeit bis auf die Hälfte eingekocht ist.

Die vorgegarten Kartoffeln dazugeben und in der Pfanne anrösten. Rosmarin waschen, trocken schütteln, die Nadeln abstreifen und zugeben. Mit Salz und Pfeffer würzen.

Den Salat in eine Schüssel geben und mit jeweils 2 EL Weißwein und Olivenöl beträufeln. Abschmecken, auf Schalen aufteilen und frisch servieren.

kapitel 8

fermentiertes und kleine extras

geschmackvoll, divers, würzig

natural cleanse

hausgemachte gemüsebrühe

Ergibt 500 g

500 g Suppengrün (Selleriewurzel, Petersilie, Möhren, Lauch)

100 g Salz

Superleicht gemacht und sehr lange haltbar - die hausgemachte Gemüsebrühe. Anders als bei der normalen Zubereitung von Gemüsebrühe, bei welcher das Suppengrün gekocht wird, verwenden wir bei diesem Rezept das gesamte Gemüse und fermentieren es für eine lange Haltbarkeit.

Das Gemüse waschen, putzen und grob würfeln. Gemüse und Salz in eine Küchenmaschine geben und zerkleinern bis es grobstückig ist. Ein steriles Einmachglas mit dem zerkleinerten Gemüse befüllen und für 3–4 Wochen im Kühlschrank aufbewahren. Bei der Benutzung, portionsweise in kochendes Wasser geben und zu Brühe aufkochen.

Tipp: Das Rezept könnt ihr mit belieber Menge Gemüse zubereiten. Dabei sollten auf 100 g Gemüse mindestens 20 g Salz gegeben werden. Das Salz sorgt für eine längere Haltbarkeit.

pickles

eingelegtes gemüse

Ergibt 4 Portionen

150 g Gemüse (z. B. Radieschen, Gurken, Silberzwiebeln oder Paprika)

90 ml Wasser

90 ml Apfelessig

25 g Zucker

1 TL feines Salz

½ TL Senfsamen

½ TL Koriandersamen

Das Gemüse waschen, putzen, in Scheiben oder Würfel schneiden und in ein steriles Einmachglas (mind. 250 ml) füllen.

In einem Topf das Wasser mit dem Essig, Zucker, Salz, den Senf- und Koriandersamen erhitzen. Die Flüssigkeit sollte heiß sein, aber nicht kochen. So lange rühren, bis sich der Zucker aufgelöst hat.

Die Flüssigkeit zu dem Gemüse in das Glas füllen, das Gemüse mit einer Gabel oder einem Löffel nach unten drücken und mit einem Deckel gut verschließen. Bei Zimmertemperatur stehen lassen, bis das Glas abgekühlt ist. Anschließend können die Pickles im Kühlschrank bis zu 2 Wochen aufbewahrt werden.

sesame seed blend

gewürzmischung mit sesam, chiliflocken und zwiebeln

Ergibt 500 g

125 g ungeschälte weiße Sesamsamen

100 g geschälte weiße Sesamsamen

100 g schwarze Sesamsamen

100 g Blaumohn

50 g getrocknete Zwiebel

25 g Chilisalz

Dieser Sesame Seed Blend, inspiriert durch eine Reise nach New York, bewies sich bei uns und all unseren Freunden als bestes und unschlagbares Brottopping. Wir bereiten oft die doppelte Menge zu und verschenken das Gewürz in Gläschen abgefüllt zu Weihnachten oder zu anderen Gelegenheiten.

Für die Zubereitung alle Zutaten in eine Schüssel geben, gut vermengen und anschließend in Einmachgläser füllen.

dukkah

orientalische gewürzmischung

Ergibt 250 g

2 EL Koriandersamen

1 EL Kreuzkümmelsamen

50 g Pistazien

100 g Mandeln

½ EL schwarze Pfefferkörner

50 g schwarzer Sesam

50 g weißer Sesam

1 EL Salz

Die Koriander- und Kreuzkümmelsamen in einer Pfanne ohne Öl kurz anrösten, bis sie zu duften beginnen. Die Pistazien schälen und mit den Mandeln grob hacken. Die Pfefferkörner in einem Mörser zerstoßen.

Alle Zutaten in eine Schüssel geben, gut vermengen und anschließend in Einmachgläser füllen.

green arrow

grüne kräutersauce

Ergibt 4 Portionen

1 Knoblauchzehe

1 grüne Chilischote

½ Bund Petersilie

½ Bund Koriander

Saft von 1 Limette

Abrieb von 2 unbehandelten Limetten

1 EL Apfelessig

1 EL brauner Zucker

150 ml Olivenöl

Den Knoblauch schälen und fein hacken. Die Chilischote waschen, entkernen (optional) und in feine Streifen schneiden. Die Kräuter waschen, trocken schütteln und die Blätter abzupfen. Alles zusammen mit dem Limettensaft und -abrieb, dem Apfelessig, Zucker und dem Olivenöl in einen Mixer geben und zu einer glatten Sauce pürieren.

Tipp: In einem sterilen Einmachglas (mind. 250 ml) lässt sich die Sauce für ca. 2 Wochen im Kühlschrank aufbewahren. Die grüne Sauce eignet sich hervorragend zu gegrilltem Gemüse oder Fisch, als frische Salatsauce oder als Brotdip.

ironman

scharfe chilisauce

Ergibt 4 Portionen

1 kleine rote Zwiebel

1 Knoblauchzehe

½ rote Paprika

3 rote Chilischoten

1 EL Apfelessig

Die Zwiebel und den Knoblauch schälen. Die Paprika und Chilischoten waschen, entkernen und in grobe Stücke schneiden. Zusammen mit dem Apfelessig in einen Mixer geben und pürieren, bis eine glatte Sauce entsteht.

Tipp: In einem sterilen Einmachglas (mind. 250 ml) lässt sich die Sauce für ca. 2 Wochen im Kühlschrank aufbewahren. Die scharfe Chillisauce passt sehr gut zu gegrilltem Gemüse oder Fisch, auf ein belegtes Brot oder um Gerichten einen Hauch Schärfe zu verleihen.

kapitel 9

gebackenes und desserts

süß, luftig, einladend

tartelettes

kleine früchtetartelettes

Ergibt 4 mittelgroße Tartelettes

350 g Weizenmehl (Type 550)

50 g Rohrzucker

250 g Margarine

10 Aprikosen (alternativ 4 Pfirsiche, Äpfel oder Birnen, 10 Pflaumen)

4 EL Kokosblütenzucker

Saft von ½ Zitrone

In einer Rührschüssel das Mehl und den Zucker vermengen. Die Margarine würfeln, dazugeben und mit den Fingern in das Mehl einarbeiten. Den noch krümeligen Teig mit den Händen zu einem glatten Teig kneten. Abgedeckt für mindestens 1 Stunde kalt stellen.

Für die Füllung die Aprikosen waschen, entsteinen und vierteln. In eine Schüssel geben und vorsichtig mit Zucker und Zitronensaft vermischen.

Den Backofen auf 180 °C Umluft vorheizen. Den Teig auf einer bemehlten Arbeitsfläche in vier gleich große Stücke teilen und dünn rund ausrollen. Die Früchte auf dem Teig auslegen. Dabei einen Rand von 2 cm aussparen. Den Rand vorsichtig nach innen falten.

Im Ofen für 30 Minuten backen, bis die Tartelettes goldbraun sind.

late summer feelings

fruchtige zwetschgen-feigen-tarte

Ergibt 1 Blech

Für den Teig

180 ml Pflanzendrink (z. B. Soja- oder Haferdrink)

50 g Margarine

30 g frische Hefe

350 g Weizenmehl oder Dinkelmehl (Type 630)

1 Prise Salz

50 g Rohrzucker

Für den Belag

1,5 kg Zwetschgen

10 Feigen

130 g kalte Margarine

100 g Weizenmehl

100 g gemahlene Haselnüsse

1 TL Zimtpulver

80 g brauner Zucker

Für den Teig in einem Topf Pflanzendrink, Margarine und Hefe auf niedriger Temperatur 3–5 Minuten erhitzen, bis Margarine und Hefe geschmolzen sind. Die Temperatur sollte nicht über 40 °C liegen, da die Hefebakterien sonst absterben.

Das Mehl mit Salz und Zucker in einer Rührschüssel verrühren und in der Mitte eine Mulde formen. Die Hefemischung in die Mulde geben. Das Mehl vorsichtig vom Rand einarbeiten und den Teig 5–10 Minuten mit den Händen kneten. Die Schüssel abdecken und den Teig mindestens 1 Stunde an einem warmen Ort ruhen lassen.

In der Zwischenzeit die Zwetschgen waschen, an einer Seite mit einem Messer aufschlitzen, aufklappen und entsteinen. Die Zwetschgenhälften noch mal oben und unten einschneiden. Die Feigen ebenfalls waschen und in Scheiben schneiden.

Für die Streusel die Margarine in kleine Stücke schneiden, mit Mehl, Haselnüssen, Zimt und Zucker in einer Rührschüssel vermengen und mit den Fingern zerbröseln, bis kleine Streusel entstehen.

Nach 1 Stunde den Teig erneut durchkneten und auf einem eingefetteten Backblech ausrollen und weitere 15 Minuten ruhen lassen. Den Backofen auf 180 °C Umluft vorheizen. Die Zwetschgen und Feigen dicht nebeneinander auf den Teig legen und die Streusel darauf verteilen. Den Kuchen 30–35 Minuten im Backofen goldbraun backen. Auskühlen lassen und anschließend servieren.

fruit slices

süßsaure himbeer-rhabarber-schnitten

Ergibt 12 Schnitten

150 ml flüssiges Kokosöl

150 g Dinkelmehl (Type 630)

150 g Kokosblütenzucker + 1 EL für den Belag (alternativ Rohrzucker)

150 g zarte Haferflocken

1 Prise Salz

300 g Rhabarber

300 g Himbeeren

Saft von 1 Zitrone

Den Ofen auf 180 °C Umluft vorheizen. Ein Backblech einfetten oder mit Backpapier auslegen.

In einem Mixer das Kokosöl mit Mehl, Zucker, Haferflocken und Salz vermengen und pürieren, bis eine grobkörnige Masse entsteht. Von dem Teig 6 Esslöffel beiseitestellen, den restlichen Teig gleichmäßig auf dem Backblech verteilen und festdrücken.

Den Rhabarber putzen und in fingerbreite Stücke schneiden, die Himbeeren verlesen. Beides zusammen mit dem Zitronensaft und 1 EL Zucker in einer Schüssel vermischen. Gleichmäßig auf dem Teig verteilen. Den restlichen Teig mit den Fingern zerbröseln und als Streusel auf dem Teig verteilen.

Im Ofen für 40 Minuten backen, bis die Streusel goldbraun sind. Abkühlen lassen und in gleich große Schnitten schneiden.

an apple a day

wärmender apfelauflauf

Ergibt 4 Portionen

Für die Streusel

60 g Margarine

50 g Rohrzucker

50 g Weizenmehl oder Dinkelmehl (Type 630)

35 g zarte Haferflocken

50 g gemahlene Mandeln

1 TL Zimtpulver

1 Prise Salz

Für die Füllung

6 Äpfel oder Pflaumen

Saft von 1 Zitrone

1 EL Rohrzucker

Alle Zutaten für die Streusel in eine Rührschüssel geben und mit den Händen vermengen, bis kleine Streusel entstehen. Anschließend kalt stellen, bis sie gebacken werden.

Den Backofen auf 165 °C Umluft vorheizen und eine ofenfeste Form (20 cm x 20 cm) einfetten oder mit Backpapier auslegen. Für die Füllung die Äpfel oder Pflaumen waschen, trocknen und entkernen bzw. entsteinen. In grobe Würfel schneiden und in einer Schlüssel mit Zitronensaft und Zucker vermischen. In die Ofenform geben und 20 Minuten vorbacken.

Die Streusel gleichmäßig darauf verteilen und weitere 30 Minuten backen, bis eine goldbraune Kruste entsteht. Auf Tellern servieren und heiß genießen.

Tipp: Hausgemachter Sojajoghurt (s. S. 40) passt sehr gut als Beilage dazu.

citronella

spritzige zitronentarte

Ergibt 1 Tarte

Für den Teig

100 g gemahlene Mandeln

100 g gemahlene Haselnüsse

100 g Kokosraspel

80 g Haferflocken

80 g Datteln (ca. 10–12)

80 g Kokosöl

1 Prise Salz

Für die Füllung

400 ml Kokosmilch

100 g Sojajoghurt

120 ml Zitronensaft

Abrieb von 2 unbehandelten Zitronen

100 ml Agavendicksaft

15 g Agar-Agar

½ TL Kurkumapulver

Zum Garnieren

je ½ unbehandelte Zitrone und Limette

1 Stängel Minze

Diese leckere Zitronentarte ist vegan und das perfekte Dessert für warme Sommertage. Die Kombination aus knusprigem Nussboden und cremiger Zitronen-Kokoscreme ist wunderbar leicht und frisch.

Den Backofen auf 180 °C Umluft vorheizen und eine Tarteform (Ø 28 cm) einfetten oder mit Backpapier auslegen. Für den Kuchenboden alle Zutaten in einer Küchenmaschine vermengen und mixen, bis eine sandige Masse entsteht. Die Masse in die eingefettete Tarteform geben und Boden sowie Rand der Form damit auslegen. Den Teig dabei leicht andrücken. In den Ofen geben und 10–15 Minuten goldbraun backen und anschließend auskühlen lassen.

Für die Füllung alle Zutaten in einen Topf geben und aufkochen lassen. Die Hitze reduzieren und 5 Minuten unter Rühren köcheln lassen. Aufgrund der Zitronensäure ist es möglich, dass die Creme nicht direkt andickt, sondern erst beim vollständigen Auskühlen fest wird.

Die Zitronencreme in die Tarteform füllen und 1 Stunde bei Raumtemperatur abkühlen lassen. Anschließend für 4–6 Stunden kalt stellen, bis die Creme fest geworden ist. Die Zitrone und Limette für die Garnitur waschen und in Scheiben schneiden. Die Minze waschen, trocken schütteln und die Blätter abzupfen.

Die Tarte vor dem Servieren mit Zitronen- und Limettenscheiben und Minze garnieren. Kalt genießen.

love at first bite

rote himbeer-frangipani-tarte

Ergibt 1 Tarte

Für den Teig

1 Eigelb

150 g Margarine

250 g Weizenmehl oder Dinkelmehl (Type 630)

+ etwas für die Arbeitsfläche

1 Prise Salz

60 g Rohrzucker oder Kokosblütenzucker

½ TL Vanillepulver

Für die Frangipani-Creme

120 g Margarine

6 EL flüssiger Honig (oder Reissirup)

3 Eier

Abrieb und Saft von 1 unbehandelten Zitrone

Mark von 1 Vanilleschote

50 ml Pflanzendrink

3 EL Weizenmehl oder Dinkelmehl (Type 630)

150 g gemahlene Mandeln

Für die Glasur

350 g Himbeeren + einige zum Servieren

50 g Rohrzucker

20 g Speisestärke

Den Backofen auf 180 °C Umluft vorheizen und eine Tarteform (Ø 28 cm) einfetten. Für den Teig das Eigelb und die Margarine in eine Schüssel geben und mit einem Rührgerät schaumig schlagen. Anschließend das Mehl, Salz, den Zucker und die Vanille hinzufügen und mit unterrühren. Den noch krümeligen Teig mit den Händen zu einem glatten Teig kneten. Den Teig auf einem bemehlten Untergrund rund ausrollen und den Boden sowie den Rand der Form damit auslegen. Den Boden mehrfach mit einer Gabel einstechen. Den Tarteboden im Ofen 20 Minuten goldbraun backen. Den fertigen Boden aus dem Ofen nehmen und vollständig auskühlen lassen. Den Ofen auf 150 °C umstellen.

Für die Frangipani-Creme, die Margarine mit dem Honig in einer Rührschüssel vermengen, die Eier einzeln dazugeben und cremig aufschlagen. Den Zitronenabrieb und -saft, das Vanillemark und den Pflanzendrink mit unterrühren. Das Mehl und die Mandeln vermengen, portionsweise dazugeben und unterheben,

Die Frangipani-Creme auf dem abgekühlten Teig gleichmäßig verteilen und im Backofen für 30–40 Minuten backen.

Während der Backzeit die Himbeeren verlesen, zusammen mit dem Zucker und der Speisestärke in einen kleinen Topf geben, kurz aufkochen lassen und auf niedriger Hitze 5 Minuten weiterköcheln lassen, bis eine dickflüssige Masse entsteht. Vom Herd nehmen, abkühlen lassen und anschließend durch ein Sieb geben, um die Kerne der Himbeeren zu entfernen.

Sobald die Tarte goldbraun ist, aus dem Ofen nehmen und ganz auskühlen lassen. Vor dem Servieren die Himbeerglasur auf die Tarte gießen und gleichmäßig verteilen. Mit frischen Himbeeren servieren und genießen.

mrs. rosemary

aromatischer orangen-rosmarin-kuchen

Ergibt 1 Kastenform

Für den Kuchen

180 g weiche Margarine

80 g Rohrzucker oder Kokosblütenzucker

3 Eier

2 unbehandelte Orangen

2 Zweige Rosmarin

300 g Weizenmehl

2 TL Backpulver

Zum Servieren

1 unbehandelte Orange

1 Zweig Rosmarin

Den Backofen auf 180 °C Umluft vorheizen und eine Kastenform (28 cm) einfetten oder mit Backpapier auslegen. In einer Rührschüssel die Margarine und den Zucker vermengen. Nach und nach die Eier dazugeben und aufschlagen, bis eine helle Creme entsteht.

Die Orangen waschen und die Schale abreiben. Die Orangen schälen und das Fruchtfleisch filetieren. Rosmarin waschen, trocken schütteln, die Nadeln abstreifen und hacken. (wenn der Geschmack intensiver sein soll, können noch mehr Rosmarinzweige verwendet werden). Alles zusammen mit dem Orangenabrieb in einen Mixer geben und pürieren.

Das Orangenpüree in die Rührschüssel geben und alles gut vermengen. Mehl und Backpulver portionsweise dazugeben und unterrühren.

Den Teig in die Kuchenform füllen und 45–50 Minuten backen, bis er goldbraun ist. Die Garprobe machen, aus dem Ofen nehmen und vollständig auskühlen lassen. Die Orange für die Garnitur waschen, trocknen und in dünne Scheiben schneiden. Den Kuchen aus der Form nehmen und mit Orangenscheiben und Rosmarin garnieren.

almond blondies

fluffiger mandelkuchen mit knuspriger mandeldecke

Ergibt 1 Blech

Für den Teig

300 g Weizenmehl

300 g gemahlene Mandeln

160 g Rohrzucker

1 TL Vanillepulver

4 TL Backpulver

300 ml Sojasahne

200 ml Mineralwasser

200 g gehackte Mandeln

Für die Mandeldecke

80 g Margarine

80 g Rohrzucker

200 g gehobelte Mandeln

Den Backofen auf 180 °C Umluft vorheizen. Für den Teig Mehl, gemahlene Mandeln, Zucker, Vanillepulver und Backpulver in einer Rührschüssel vermengen. Die Sojasahne und das Mineralwasser hinzufügen und alles zu einem glatten Teig rühren. Anschließend die gehackten Mandeln unterheben. Den Teig auf ein mit Backpapier ausgelegtes Backblech geben, glatt streichen und im Backofen für 20 Minuten goldbraun backen.

In der Zwischenzeit für die Mandeldecke die Margarine in einem Topf zum Schmelzen bringen. Den Zucker und die gehobelten Mandeln unterrühren und nach den 20 Minuten Backzeit auf den Kuchen geben. Für weitere 15 Minuten backen. Anschließend aus dem Ofen nehmen, auskühlen lassen und frisch genießen.

black beauty

saftiger schokoladenkuchen mit olivenöl und zartbitterschokolade

Ergibt 1 Springform

Margarine zum Einfetten

200 g Zartbitterschokolade (mind. 70 %)

4 Eier

120 ml Olivenöl

80 g Rohrzucker

2 EL gemahlene Mandeln

1 Prise Meersalzflocken

Den Ofen auf 180 °C Umluft vorheizen und eine Springform (Ø 24 cm) einfetten oder mit Backpapier auslegen.

Die Schokolade klein brechen und in einem Wasserbad (in einer hitzebeständigen Schüssel über einem Topf mit siedendem Wasser) schmelzen lassen. Die Eier trennen. Sobald die Schokolade flüssig ist, das Olivenöl nach und nach hineingießen, 50 g Zucker dazugeben und umrühren, bis sich der Zucker aufgelöst hat. Vom Herd nehmen, kurz abkühlen lassen und Mandeln, Salz und Eigelbe unterrühren.

In einer separaten Schüssel die Eiweiße steif schlagen, nach und nach den restlichen Zucker einrieseln lassen.

Den Eischnee portionsweise vorsichtig unter die Schokoladenmasse heben. Den Teig in die Kuchenform geben und 25 Minuten im Backofen backen, bis keine feuchten Krümel nach dem Einstechen mit einem Holzstäbchen daran haften bleiben.

Den Kuchen auskühlen lassen, dabei können sich kleine Risse in der Kuchendecke bilden.

billionaire brownies

saftige schokoladenbrownies

Ergibt 12 Stück

250 g Kidneybohnen (aus der Dose)

100 g Mandeln

100 g Zartbitterschokolade (mind. 70 %)

2 EL Backkakao + etwas zum Besieben

120 g Margarine

2 Eier

80 g Rohrzucker

1 Messerspitze Vanillepulver

1 Prise Salz

2 TL Backpulver

Die Kidneybohnen sind nach dem Backen geschmacklos und sorgen für Feuchtigkeit, wodurch die Brownies unwiderstehlich saftig und schokoladig werden.

Den Ofen auf 180 °C Umluft vorheizen. Eine rechteckige Backform (20 cm x 30 cm) mit Backpapier auslegen oder einfetten.

Die Bohnen in ein Sieb geben und durchspülen, bis sich keine Bläschen mehr bilden. Die Mandeln zusammen mit der Schokolade in einer Küchenmaschine ca. 10 Sekunden zerkleinern, anschließend beiseitestellen. Alle restlichen Zutaten in die Küchenmaschine geben und pürieren, bis eine glatte Masse entsteht. Mandeln und Schokolade dazugeben und weitere 30 Sekunden pürieren.

Den Teig in die Backform geben und glatt streichen. Im Backofen für 30 Minuten backen, bis nach dem Einstechen mit einem Holzstäbchen daran kein Teig mehr haften bleibt. Anschließend auskühlen lassen, in Brownie-Stücke schneiden und mit Kakao besieben.

m‘amore

fluffiger marmorkuchen

Ergibt 1 Gugelhupfform

250 g Margarine + etwas zum Einfetten

100 g Rohrzucker

1 Schuss Rum

1 Prise Salz

4 Eier

100 g Zartbitterschokolade (mind. 70 %)

350 g Dinkelmehl (Type 630)

2 TL Backpulver

40 ml Pflanzendrink (z. B. Soja- oder Haferdrink)

50 g Backkakao

Den Backofen auf 180 °C Umluft vorheizen. Eine Gugelhupfform (ø 26 cm) einfetten oder mit Backpapier auslegen. In einer Rührschüssel Margarine, Zucker, Rum und Salz vermengen und mit einem Rührgerät schaumig schlagen. Die Eier einzeln hinzugeben und unterrühren. Die Schokolade über einem Wasserbad schmelzen.

Das Mehl mit dem Backpulver vermengen, durch ein Sieb sieben und zu dem Teig hinzufügen. Die Hälfte des Pflanzendrinks dazugeben und alles gut vermischen. ⅔ des Teiges in die Kuchenform geben. Den Kakao, die Schokolade und den restlichen Pflanzendrink zum Teig geben und vermischen.

Den schokoladigen Teig vorsichtig in die Backform auf den hellen Teig geben. Für das Marmormuster eine Gabel spiralförmig durch den Teig ziehen. Im Ofen für 50 Minuten backen, bis der Kuchen goldbraun ist. Herausnehmen und auf einem Kuchengitter vollständig auskühlen lassen.

half baked

halbgebackener nusskuchen mit cashewcreme und heidelbeeren

Ergibt 1 Springform

Für den Boden

4 Eiweiß

100 g Zartbitterschokolade (mind. 70 %)

50 g Rohrzucker oder Kokosblütenzucker

100 g gemahlene Haselnüsse

100 g gemahlene Mandeln

Für die Creme

100 g Cashewkerne

100 ml Kokosmilch

30 ml Reissirup

Saft von 1 Zitrone

1 Messerspitze Vanillepulver

Zum Servieren

500 g Heidelbeeren

Den Backofen auf 180 °C Umluft vorheizen und eine Backform (Ø 20 cm) einfetten oder mit Backpapier auslegen.

Für den Boden die Eier trennen, die Eigelbe für andere Zwecke in den Kühlschrank stellen und die Eiweiße in einer Rührschüssel steif schlagen. Die Schokolade grob hacken. Zucker einrieseln lassen, Nüsse und Schokolade unterheben und alles gut vermengen. Den Teig in die Kuchenform geben, glatt streichen und 30–35 Minuten im Ofen goldbraun backen. Herausnehmen und auskühlen lassen.

Für die Creme die Cashewkerne 15 Minuten in heißem Wasser einweichen, abgießen und zusammen mit den anderen Zutaten zu einer glatten Creme pürieren. Auf dem ausgekühlten Kuchenboden verteilen. Mit reichlich Beeren garnieren und vor dem Servieren mindestens 2 Stunden kalt stellen.

summer in a cake tin

gekühlte kokostarte mit frischen beeren

Ergibt 1 Springform

Für den Boden

220 g Nüsse (z. B. Haselnüsse, Cashewkerne, Mandeln)

50 g Datteln

60 g Kokosöl

1 Prise Salz

Für die Creme

60 g Speisestärke

15 g Agar-Agar

200 ml Pflanzendrink (z. B. Soja- oder Haferdrink)

400 ml Kokosmilch

Saft von 1 Zitrone

Abrieb von 2 unbehandelten Zitronen

4 EL Reissirup oder Agavendicksaft

Zum Servieren

400 g gemischte Beeren

Für den Boden die Nüsse, Datteln, das Kokosöl und Salz in einem leistungsstarken Mixer zu einer grobkörnigen Masse verarbeiten. Alternativ können auch bereits gemahlene und gehackte Nüsse verwendet werden.

Eine Kuchenform (Ø 20 cm) mit Backpapier auslegen, den Teig gleichmäßig darin verteilen und vorsichtig festdrücken. 30 Minuten kalt stellen.

Für die Creme Speisestärke und Agar-Agar mit etwas Pflanzendrink in einer Schale vermengen. Zusammen mit den anderen Zutaten in einem Topf vermengen und aufkochen lassen. Bei niedriger Temperatur 2–3 Minuten köcheln lassen, bis die Creme andickt.

Die Creme auf den Boden in die Kuchenform füllen, abkühlen lassen und für mindestens 6 Stunden kalt stellen (am besten über Nacht).

Zum Servieren die Beeren waschen, verlesen und gut trocknen. Die Kokostarte üppig damit garnieren.

knot me

festlicher hefezopf

Ergibt 1 Hefezopf

750 g Dinkelmehl (Type 630)

1 Würfel Hefe

350 ml lauwarmer Pflanzendrink + etwas zum Bestreichen

125 g brauner Zucker

100 g Margarine

1 Prise Salz

2 Eier

Hagelzucker nach Belieben

Für den Hefeteig das Mehl in eine Schüssel sieben und in der Mitte eine Mulde formen. Die Hefe in 3–4 EL lauwarmen Pflanzendrink und 1 TL Zucker auflösen und in die Mulde geben. Die Hefe mit ein wenig umliegendem Mehl andicken, die Schüssel mit einem Küchenhandtuch abdecken und 15 Minuten stehen lassen.

Anschließend das Mehl vollständig in die Hefemischung einrühren und die übrigen Zutaten dazugeben. Mit den Händen oder einem Knethaken durchkneten, bis ein glatter Teig entsteht. Wieder mit einem Küchentuch abdecken und weitere 30–40 Minuten an einem warmen Ort (oder auf einer Wärmflasche) gehen lassen.

Den Backofen auf 180 °C Umluft vorheizen. Den aufgegangenen Hefeteig auf eine Arbeitsplatte geben, leicht mit Mehl bestreuen und in drei Teile teilen. Aus den Teigportionen Rollen formen und daraus vorsichtig einen Zopf flechten.

Den Zopf mit Pflanzendrink bestreichen und mit Hagelzucker verzieren. Im vorgeheizten Backofen 30–40 Minuten backen, bis der Zopf goldbraun ist. Aus dem Ofen nehmen und gut auskühlen lassen.

Tipp: Hausgemachtes Nussmus (s. S. 48) oder Marmelade passen sehr gut dazu.

drown in coffee

cremiges tiramisu

Ergibt 1 rechteckige Ofenform

4 Eier

80 g brauner Zucker

500 g Mascarpone

150 ml Baileys

300 g Löffelbiskuits

500 ml Espresso

Backkakao zum Bestreuen

Zugegebenermaßen fällt das Tiramisu-Rezept etwas aus dem Konzept des Clean Eatings. Da es sich hierbei jedoch aber um eines unserer liebsten Desserts handelt, wollten wir es trotzdem mit aufnehmen und in der original Zubereitung nicht ändern.

Die Eier in 2 separaten Rührschüsseln trennen. Die Eigelbe und den Zucker mit einem Rührgerät aufschlagen, bis eine cremige gelbe Masse entsteht. Die Mascarpone und den Baileys dazugeben und gut unterrühren. Die Eiweiße in einer separaten Schüssel steif schlagen und anschließend vorsichtig unter die Mascarpone-Creme heben, bis sich alle Zutaten binden.

Eine Ofenform (20 cm x 30 cm) bereitstellen. Die Löffelbiskuits einzeln kurz in den Espresso eintauchen und nebeneinander in die Form legen, bis der Boden bedeckt ist. Die Biskuits mit einer Schicht der Creme bedecken. Diese Schichtungen wiederholen, bis die Creme und Löffelbiskuits verbraucht sind. Das Tiramisu abgedeckt im Kühlschrank für mindestens 6 Stunden kalt stellen, am besten über Nacht.

Kurz vor dem Verzehr, dunklen Kakao über das Tiramisu sieben.

Tipp: Mit einem heißen Espresso genießen.

BIALETTI
MADE IN ITALY

power up

energy balls

Ergibt je 6–8 Stück

Für die Cranberry Raw Bites

80 g Haferflocken

50 g Mandeln

30 g Kokosraspel

50 g Cranberrys

20 g Datteln

1 Prise Zimtpulver

evtl. 2 EL Wasser

Für die Chocolate Raw Bites

80 g Haferflocken

20 g Backkakao

50 g Datteln

50 g Haselnüsse

evtl. 2 EL Wasser

Zum Servieren

geröstete Sesamsamen

Backkakao

Koskosraspel

geschmolzene Schokolade

Je alle Zutaten in einen Mixer geben und mixen, bis eine grobkörnige formbare Masse entsteht. Wenn die Masse zu trocken ist, 2 EL Wasser dazugeben. Mit den Händen kleine Portionen aus der Masse zu runden Kugeln formen.

Tipp: Je nach Belieben können die jeweiligen Energy Balls in Sesamsamen, Kakaopulver, Kokosraspeln oder geschmolzener Schokolade gerollt werden.

Im Kühlschrank sind die Energy Balls ungefähr eine Woche haltbar.

kapitel 10

getränke

kühl, spritzig, gesellig

holy brew

kalt gebrühter kaffee mit orangenzeste

Ergibt 1,5 l Kaffee

250 g Kaffeebohnen

1,5 l kaltes Wasser

Zeste von ½ unbehandelten Orange

Eiswürfel nach Belieben

1,5–2 l Glasgefäß

Deckel zum Verschließen oder Baumwolltuch und Kordel zum Zuknoten

Kaffeefilter

Die Kaffeebohnen mit einer Kaffeemühle mahlen. Das Kaffeepulver in ein großes Glasgefäß geben und mit dem Wasser aufschütten. Die Orangenzeste in den Kaffee geben. Gut umrühren und mit einem Deckel oder einem Baumwolltuch und einer Kordel verschließen. Für mindestens 24 Stunden an einem kühlen und dunklem Ort ziehen lassen.

Nach 24 Stunden kann der Cold Brew weiterverarbeitet werden. Hierfür die Orangenzeste entfernen, den Kaffee durch einen Filter sieben und in verschließbare Glasflaschen abfüllen. Zum Servieren ein Glas mit Eis befüllen, Cold Brew aufschütten und ggf. aufgeschäumte Milch und eine Orangenscheibe dazugeben.

Tipp: Für den Cold Brew eignet sich frisch und grob gemahlener Kaffee am besten. Im Kühlschrank kalt gestellt kann der Cold Brew bis zu 4 Wochen aufbewahrt werden. Um den vollen Geschmack genießen zu können, sollte er allerdings innerhalb von 2 Wochen aufgebraucht werden.

espresso +

geschichteter avocado-creme-espresso

Ergibt 2 Portionen

½ reife Avocado

150 ml Kokosmilch

2 Datteln

2 Espressi

In einem Mixer Avocado, Kokosmilch und Datteln pürieren, bis eine glatte Creme entsteht. Die Creme in 2 Gläser füllen und mit je einem Espresso auffüllen.

Der Espresso sollte sich absetzen, sodass zwei Schichten entstehen. Zum Trinken umrühren, sodass sich beide Schichten miteinander verbinden.

from pisco to dicso

pisco auf eis mit limettensaft und basilikum

Ergibt 1 Portion

3 Stängel Basilikum

2 cl Limettensaft

4 cl Pisco

1 TL brauner Zucker

Crushed Eis nach Belieben

Den Basilikum waschen, trocken schütteln und die Blätter abzupfen. Limettensaft, Pisco, Basilikum und Zucker in einen Shaker geben. Den Basilikum mit einem Stößel zerdrücken.

Das Eis dazugeben und alles kräftig schütteln. Durch ein Sieb in ein mit Eis gefülltes Tumbler-Glas füllen. Kühl und frisch genießen.

cool breeze

erfrischender caipirinha mit limetten und gurke

Ergibt 2 Getränke

4 Limette

¼ Gurke

8 cl Cachaça

1 EL Agavendicksaft

Eiswürfel nach Belieben

1 Zweig Minze

Ein wunderbar kühles Getränk mit spritziger Limette und frischer Gurke.

Die Limetten auspressen und die Gurke schälen. Den Limettensaft, die Gurke, den Cachaça und den Agavendicksaft in einen Mixer geben und alles pürieren.

Zwei Gläser mit Eis befüllen, mit dem Caipirinha auffüllen und mit Minze garnieren. Eiskalt genießen.

on flames

prosecco auf eis mit flambierten calvados-äpfeln

Ergibt 2 Getränke

Für die Äpfel

1 Apfel (Sorte Elstar)

Saft von ½ Zitrone

1 TL Margarine

½ EL Rohrzucker

1 Schuss Calvados

Eiswürfel nach Belieben

400 ml Prosecco

Den Apfel schälen, in Spalten schneiden und mit Zitronensaft beträufeln. Die Margarine in einem Topf zerlassen und die Apfelspalten darin unter Wenden goldgelb braten. Den Zucker über die Apfelspalten streuen und diese weiter braten, bis sich der Zucker aufgelöst hat und die Apfelspalten karamellisieren. Einen Schuss Calvados über die Apfelspalten gießen und mit einem Streichholz anzünden, um die Apfelspalten zu flambieren. Achtung: Es entsteht eine Stichflamme, daher aufpassen, dass der Deckenraum frei ist. Um die Flamme zu löschen, den Topf vom Herd ziehen und einen feuerfesten Deckel auflegen Anschließend vom Herd nehmen und abkühlen lassen.

Die Sektschalen mit Eis befüllen, je 2–3 Apfelspalten dazugeben und den Prosecco vorsichtig darüber gießen. Kühl genießen.

ladylike

dry-shake cocktail mit tonka

Ergibt 2 Getränke

40 ml Gin

60 ml Triple Sec

40 ml Zitronensaft

1 Eiweiß

1 Handvoll Eiswürfel

2 Prisen geriebene Tonkabohne

Alle Zutaten für einen Dry-Shake ohne Eis in einen Shaker geben und kräftig schütteln. Anschließend die Eiswürfel in den Shaker geben und erneut durchschütteln.

Zwei Cocktailschalen befüllen und jeweils eine Prise gemahlene Tonkabohne darübergeben.

rezeptregister

zutatenregister